행복한 인재로 키우는
예술의 힘

행복한 인재로 키우는 예술의 힘

초판1쇄 발행 2015년 7월 15일 **초판2쇄 발행** 2016년 5월 30일
지은이 김태희
펴낸이 전광철 **펴낸곳** 협동조합 착한책가게

주소 서울시 마포구 어울마당로 112-6 3층
등록 제2015-000038호(2015년 1월 30일)
전화 02) 322-3238 **팩스** 02) 6499-8485
이메일 bonaliber@gmail.com
ISBN 979-11-954742-3-3 03370

* 책값은 뒤표지에 있습니다.
* 잘못된 책은 구입하신 서점에서 바꾸어 드립니다.

이 도서의 국립중앙도서관 출판예정도서목록(CIP)은 서지정보유통지원시스템 홈페이지(http://seoji.nl.go.kr)와
국가자료공동목록시스템(http://www.nl.go.kr/kolisnet)에서 이용하실 수 있습니다.(CIP제어번호: CIP2015016785)

아이의 창의력과 회복탄력성을 높이는 예술교육

행복한 인재로 키우는

예술의 힘

김태희 지음

COOPERATIVE
착한책가게

아이의 창조력을 길러주는 최고의 예술 밥상

우리 어머니들은 늘 아이에게 밥을 해 먹이고 있으면서도 요리는 요리사만 하는 것이라고 생각하는 것처럼, 예술은 이미 우리 생활과 아주 가까이 있는데도 전문가들만의 몫인 양 멀고 어렵게들 느낍니다. 하지만 이 책을 접하면서 어머니들은 용기를 얻게 됩니다.

"미술관도 흔치 않았던 1980년대 부산, 넉넉지 못한 형편에도 어머니는 주말마다 신문에 실린 전시회 정보를 스크랩하였고 그렇게 다니며 모은 전시회 도록만 200여 권이 넘을 만큼 참 열심히 우리를 데리고 다녔습니다. 그런데 지금 다시 생각해보면 그것이 우리를 위한 것이기도 했지만 어머니가 먼저 그림을 즐겼고, 전시회 나들이를 좋아하셨던 게 아닌가 하는 생각이 듭니다. 전시회장에 들어서서 그림을 마주할 때면 마치 첫사랑을 대하듯 아련하고도 행복한 미소를 띠던 어머니의 모습, 그런 어머니를 보며 우리 역시 그림이 가치 있고 소중한 것이라는 걸 온몸으로 느꼈던 것 같습니다."

이 책의 저자는 어릴 적 어머니가 차려주신 예술 밥상을 기억하며 현재 우리를 둘러싸고 있는 일상의 예술적 삶들을 되돌아봅니다. 예술은 어렵고, 전문가가 가르쳐야만 하고, 돈이 많이 든다는 세 가지 편견을 넘어 예술이 집밥처럼 일상적이고 아이들의 성장에 가장 큰 자양분이 되게 하는 핵심, 저자는 그것을 '부모가 예술을 즐기는 표정'이라고 말합니다.

부모가 일상에서 즐기는 예술적 삶은 아이에게 위대한 예술 밥상을 만들어줍니다. 결과보다도 과정을 중시하고, 특별함보다는 일상 속에서 아이와 함께 예술적 삶을 나누는 부모는 아이들이 자신만의 무한한 창조력을 발휘할 수 있는 예술 근육과 정서적 건강을 갖게 합니다.

이제 우리 주변에는 예술적 경험을 할 수 있는 환경이 엄청나게 확장되고 있습니다. 하지만 이렇게 널린 예술교육의 소재들이 아이에게 맞는 예술 밥상으로 차려지려면 도움이 필요합니다. 그중에 가장 강력한 도움은 '엄마아빠의 얼굴을 보니 여기 뭔가 재미있고 특별한 게 있는 것이 틀림없어!'라고 아이들이 느끼도록 해주는 것입니다. 또한 미국의 유명한 예술교육가 에릭 부스가 말한 것처럼 '하루 종일 진흙을 만졌다고 해서 예술을 경험한 것이 아니라 진흙을 통해 아이가 표현하고 싶은 것을 마음껏 해보고 그 속에 자기만 할 수 있는 새로운 세계를 창조'할 수 있도록 도와주는 것이 중요합니다.

　미래사회를 이끌어갈 창조적 아이들을 위한 행복한 예술 밥상 차리기는 어떻게 가능할까, 학교와 지역사회 그리고 국가는 이를 위해 어떻게 해야 하는 것일까를 다시 생각하게 만드는 이 책은, 현재를 살아가고 있는 모든 부모와 교사들에게 신선한 발상의 전환을 던져줍니다.

2015년 6월
박승현(세종문화회관 문화예술본부장)

■ 추천사

아이에게 예술교육을 시키면서도 답답한 점이 많았던 부모님과 예술강사라면 누구나 반가워할 만한 책입니다. 기능 교육에만 치우쳤던 예술교육을 벗어나 아이들의 창의 교육, 전인교육을 위해 온 마을과 학교와 나라가 함께 힘을 모아야 한다는 이 책의 주장이 우리 아이들의 현실을 바꾸는 데 큰 도움이 되었으면 하는 바람입니다.

_**양효석** (한국문화예술위원회 문화나눔본부장)

창의시대에 있어 문화예술은 매우 큰 산업이고, 창의시대에 자라는 아이들에게 있어 예술교육은 매우 중요한 교육입니다. 이 책은 꾸준히 어린이 문화예술계에 몸담아온 저자의 똑똑한 시선과 열정으로 예술교육에 대한 우리 사회의 고민과 그 해법을 명쾌하게 풀어내고 있습니다. 예술과 예술교육의 중요성을 아는 사람이라면 누구나 봐야 할 책으로 추천합니다.

_**고정민** (홍익대학교 경영대학원 문화예술경영 교수)

아이들이 풍부한 예술 경험을 통해서 안정된 정서와 창의적인 능력을 키우며 온전한 인간으로 성장하기를 바라는 부모와 교사들, 이 땅의 모든 어른들께 권하고 싶은 예술교육론입니다. '모든 아이는 예술가로 태어난다' '예술은 인생의 든든한 방패다' '예술은 지적 발달을 위한 무한한 연료다' '예술은 감정의 스펀지다' '예술은 창의력과 상상력을 여는 문이다' '예술은 온 마을을 키운다' 등 책 속 곳곳에서 만나게 되는 신선한 명제들을 통해서, 예술교육의 중요성에 공감하게 됨은 물론, 머지않아 '예술의 시대'가 열릴 것임을 확신하게 됩니다.

_**안승문** (서울시 교육자문관)

어린이를 위한 공연을 만들어 10여 년 동안 관객들과 만나다 보니 예술이 야말로 우리 아이를 행복한 아이로 키우기 위해 절대적으로 필요한 것이라는 생각이 들었습니다. 이 책은 저자가 수년간 현장에서 겪고, 고민하고, 외국의 사례들을 꼼꼼히 살펴본 것들을 토대로 우리의 작금 어린이 문화 환경에 대한 진솔한 비판과 제언을 담고 있습니다. 아이 하나를 키우는 데 온 마을, 온 사회가 힘을 모으는 것처럼 이 책을 통해 부모님과 예술강사, 그리고 어린이 예술 전문가들과 관계자들이 더 깊고 큰 관심과 힘을 모으게 되기를 기대합니다.

_유열 (어린이공연문화재단 행복한아이 이사장, 유열컴퍼니 대표)

제 삶을 돌아보면 예술은 제가 능력 있는 예술가로 살아가는 것보다 행복한 인간으로 살아가는 데 훨씬 더 도움을 준 것 같습니다. 대학 진학을 앞두고 IMF로 아버지의 사업이 무너졌을 때도 그렇고, 어렵게 시작했던 유학 생활 중에 교통사고로 학업을 중단하고 돌아와야 했을 때도 그렇고, 인생이 언제나 노력과 계획대로만 되는 게 아님을 깨닫는 데는 그리 오랜 시간이 걸리지 않았습니다. 그렇지만 그 누구에게도 의지할 수 없고 더 이상 내려갈 곳조차 없을 것만 같던 그 모든 순간에 저를 일으켜 세운 것은, 결국 판을 뒤엎고야 마는 창의성과 회복탄력성, 그리고 하얀 백지 앞에서도 완성된 그림을 보고 믿을 수 있었던 구상력이었습니다. 그리고 그것은 어릴 적 가정에서부터 시작된 예술교육을 통해 정서의 근육마다 다져놓았던, 다름 아닌 '예술의 힘'이었습니다.

사실 이 책은 어린이극장을 운영하면서 아이 손을 잡고 공연장을 찾는 부모들의 질문들에 답을 주기 위한 가벼운 목적으로 시작되었습니다. 그러나 자료 수집과 집필 과정을 거치면서 제 개인적 경험뿐 아니라 실제로 수많은 연구들을 통해 증명되어온 예술의 놀라운 힘을 새삼 발견하게 되었습니다. 덕분에 쉽게 쓸 수 있을 것만 같았던 이 책은 4년여의 지난한 시간을 보내며 거듭 바뀌었습니다. 아이들에게 예술은 쉽사리 그 영역을 한정해서 말할 수 없을 만큼 큰 영향을 줍니다. 창의성, 감수성, 협동심, 회복탄력성, 사회성 향상은 물론이고, 심리적으로는 우울증 완화와 육체적 통증의 감소까지 증명된 효과만 해도 전부 열거할 수 없을 정도입니다.

또, 어린이 예술 분야는 놀란 만큼 빠르게 성장하고 있어서 그 속도를 따라잡으며 제대로 된 정보를 뒷받침하기가 힘듭니다. 한 해 동안 공연된 연극 가운데 절반가량이 어린이 공연일 만큼 어린이 예술에 대한 수요와 공급이 양적으로 대폭 늘어났습니다. 그렇지만 이렇게 빠른 성장에도 불구하고 어린이 예술 분야에 대한 사회적 관심과 지원은 많이 부족한 것 같아서 안타깝습니다.

어린이 예술에 대한 안타까운 마음이 커질수록 책을 통해 하고 싶은 이야기가 점점 많아졌지만, 이미 수많은 교육 전문가들이 있는데 과연 내가 이 책을 써도 되는 것일까 하는 큰 부담감이 있었습니다. 하지만 모든 분야는 벽돌처럼 쌓이며 발전한다는 멘토의 말씀을 기억하면서 '행복한 미래의 인재는 집밥처럼 예술을 먹고 자란다'는 정正의 한 수를 힘 있게 던져보려 합니다. 학문에서든 문화 산업에서든 더 많은 반反과 합合이 나와 어린이 예술교육 분야가 높이 쌓여가기를 바라는 간절한 마음으로 말입니다.

그래서 이 책이 자녀에게 양질의 예술교육과 더불어 예술적 정서를 심어주고 싶어 하는 모든 부모들이 답답해하고 목말라했던 부분들을 조금이라도 해소시켜주는 역할을 할 수 있기를 바랍니다. 또 예술교육 현장에서 보석 같은 아이들을 직접 마주하는 예술강사와 학교 선생님들에게 예술교육의 의미와 방향을 한번쯤 고민해볼 수 있는 기회가 되기를 기대합니다. 이 책을 통해 예술가들이 아이들을 위한 예술 콘텐츠 생산과 예술교육이 얼마나 가슴 뜨겁고 소중한 일인지, 그 가치를 발견할 수 있게 되기를 소망해봅니다.

끝으로, 이 책이 세상 빛을 볼 수 있도록 도와주신 착한책가게 식구들, 특히 부끄럽지 않은 책이 될 수 있게 긴 과정을 함께 해주신 김수연, 이성숙 이사님께 감사를 드립니다. 학자로서의 멘토, 기획자로서의 멘토가 되어주신 고정민 교수님(홍익대학교 예술경영전공)과 박승현 세종문화회관 공연예술본부장님께도 감사를 드립니다. 그리고 어떤 상황 속에서도 힘이 되어주는 사랑하는 가족들, 특히 어려운 시절에도 딸들에게 예술의 힘을 키워주신 부모님, 김창현·정춘희님께 존경을 담아 감사의 인사를 전합니다.

2015년 6월
김태희

CONTENTS

프 롤 로 그

모든 시간, 모든 장소에
머물렀던 모두의 예술

　　　　　　　　　예술이란 과연 무엇이고, 왜 우리 모

두에게 의미 있고 필요한가를 설명하기란 기나긴 예술사를 읊어

대는 것보다도 어려운 일입니다. 각 시대마다 예술의 개념과 정의

가 바뀌어왔고, 무엇이 진정한 예술인가에 대한 판단마저 쉽지 않

기 때문입니다. 형식주의 시대에는 인물과 풍경을 그대로 똑같이

그려놓은 그림이 훌륭한 작품으로 칭송을 받았지만 현대미술에서

는 변기 하나 가져다 놓아둔 것(〈샘〉, 마르셀 뒤샹, 1917)도, 죽은 상어

를 포름알데히드 용액속에 넣어둔 것(〈살아 있는 자의 마음속에 있는 죽

음의 육체적 불가능성〉, 데미안 허스트, 1991)도 걸작으로 인정받는 개념미

술이 대세이니까요. 또 예술을 과학적으로 설명하거나 이해하기도 어려운 일입니다. 과학적으로 따져보면, 무용(춤)의 실체란 그저 신체의 움직임일 뿐이며, 회화 작품은 각양각색의 물감이 덧발라져 건조되어 있는 것, 그리고 음악은 다양한 음파의 진동이고, 시는 여러 단어들의 조합일 뿐입니다. 그런데도 그 요소들이 재조합되고 재창조되어 사람들의 마음에 큰 감동과 희열을 가져다주는 현상을 어떻게 설명할 수 있을까요. 그건 아마도 예술이 우리 인간의 삶 깊숙이 매우 중요한 부분에 오랫동안 자리를 차지해 왔기 때문일 것입니다.

예술은 인류의 역사와 늘 함께해 왔습니다. 선사시대 동굴벽화에 그려진 동물들은 동굴의 주인이 사냥했거나 혹은 사냥하고 싶은 대상이었습니다. 연극의 기원도 기우제나 풍년을 기원하는 제의에서 비롯된 것이고, 석탑이나 절과 같은 건축물도 외침을 막거나 극락장생을 기원하던 옛사람들의 간절함이 담겨 있습니다. 오랜 인류 역사 속에 이어져온 예술은 인간의 간절한 바람과 꿈에 아주 밀접하게 맞닿아 있습니다.

또 예술은 매우 자발적이고 자생적인 생명력을 지녔습니다. 근대 유럽의 민속무용인 포크댄스는 작곡가도 안무가도 없지만 농민과 노동자들의 단합과 능률을 높여주는 역할을 했고 삶 속에서 우러나온 생활 감정이 깊숙이 스며들어 있습니다. 또〈우리의 소리를 찾아서〉와 같은 라디오 프로그램에서 흔히 듣는 전통 소리들 역시 전문 악사나 작곡가도 없고 명창이 부른 것도 아니지만 강력한 바이러스처럼 민초들의 입에서 입으로 전해집니다. 애초에 예술이란 누구나 쉽게 창조하고 나눌 수 있었던 우리의 삶이고 기원이고 위로이자 발산이었습니다. 누구나 예술가가 되기도 하고, 모두가 예술로 일궈놓은 삶의 양식을 함께 나누고 자연스럽게 즐겼습니다.

철없는 예술?
꼭 필요한 예술!

그림을 그리거나 연극과 영화를 공부하는 사람들이 예전에 흔히 들었던 말이 있습니다. 바로 '배부른 공부'를 한다는 말이었습니다. 다른 사람들은 취업이 잘되는 전공을 선택하고 영어와 컴퓨터를 배우느라 열심인데, 예술을 한다며 돌아다니는 모습이 철없거나 혹은 돈 걱정 없는 듯 보였을 수도 있습니다. 더구나 직업 예술가도 아닌 사람들이 예술 활동을 한다는 건 매우 특별하게 여겨지곤 합니다. 직장 동료나 친구가 합창단에 참여하고 있다거나 오페라를 공부하고 있다고 말했을 때 멋지다며 부러워할 수도 있겠지만, "이제 그걸 해서 뭐하려고?" "시간도 돈도 많은가 보네!" "철 좀 들어라!"와 같은 반응을 보이는 경우도 많습니다. 예술이란 언제나 먹고사는 일보다는 후순위일 수밖에 없는, 그저 철없고 배부른 사람들만의 것일까요?

그림책의 노벨상으로 불리는 칼데콧상을 여러 차례 수상한 네덜란드 동화작가 레오 리오니의 《프레드릭》이라는 그림책에는 몽

상가 들쥐 프레드릭이 등장합니다. 다른 들쥐들은 밤낮없이 열심히 일하며 겨울을 준비하는데 왜 혼자서만 일을 하지 않느냐고 묻는 친구들에게 프레드릭은 자기도 일을 하고 있다고, 춥고 어두운 겨울을 위해 햇살을 모으고, 잿빛 겨울을 대비해 색깔을 모으고, 또 심심할 겨울을 위해 이야기를 모으러 다닌다고 대답합니다. 어느덧 겨울이 찾아와 모아두었던 양식이 모두 동나버리자, 프레드릭은 친구들에게 따뜻한 햇살과 형형색색의 이야기, 그리고 아름다운 시를 들려주어 따뜻함과 풍요로움을 느끼며 겨울을 견뎌낼 수 있게 해줍니다.

추운 겨울과 고된 삶을 버텨내기 위해 누군가는 프레드릭 같은 예술가가 되어 마음을 위한 일을 하고, 양식을 나누듯 예술을 함께 나누고 향유하면서 인생의 참된 의미를 찾는 것도 가치 있는 일입니다.

예술 먹고 자라는 아이들
그리고 예술 밥상

어쩌면 예술이 배부른 공부, 배부른 일이라는 말이 틀린 게 아닐지도 모르겠습니다. 예술은 아주 오랜 시간 인간의 삶 속에서 그래왔던 것처럼 새삼스러울 것도 대단할 것도 없이 함께 만들고 함께 나눠 먹는, 풍요로운 정신을 위한 배부른 양식이니까요. 그러니 이 책을 펼쳐든 부모님과 선생님들만큼은 지금까지 물질 중심의 사회가 만들어놓은 제도화된 예술교육도, 계급화되어 어렵고 멀기만 했던 예술도, 또 다른 사교육과 스펙 쌓기로서의 예술교육도 머릿속에서 지워버리기를 바랍니다. 지금부터 이야기하려는 예술은 우리네 일상에서 온 가족이 함께 나눌 밥이고 물이고 공기입니다. 예술이 흐르는 가정, 예술이 흐르는 사회 속에서 커나갈 우리 아이들이 바로 '예술을 먹고 자라는 아이들'입니다. 그 아이들이 둘러앉게 될 '예술 밥상'의 의미와 손쉬운 레시피를 알려드리고 싶습니다. 그리고 그 예술 밥상이 자라는 아이들뿐만 아니라 우리 사회와 모두의 건강한 삶을 위해 꼭 필요하다는 것을 알아가는 시간이기 바랍니다.

CHAPTER 1

예술은
아이를 키우고
꿈꾸게 한다

모든 아이는 예술가로 태어난다.
문제는 그들이 자란 뒤에도
어떻게 예술가로 남아 있을 것인가이다.

파블로 피카소

예술 없는 세상을 상상이나 할 수 있을까요? 라디오와 TV에서 음악이 사라지고 춤을 추는 사람도 노래를 부르는 사람도 없는, 멋과 아름다움이 사라진 삭막한 회색빛 도시를……. 예술이 없는 세상에서 사는 사람들은 결코 행복하지 않을 것만 같습니다. 그런데도 굳이 그런 세상에서 살아야만 한다면 예술가를 제외한 대부분의 어른들은 자신의 감성을 억눌러가며 어떻게든 살아갈 수 있을지도 모르겠습니다. 하지만 어린아이들은 과연 그럴 수 있을까요?

어린아이야말로 여느 예술가 못지않게 예술 없는 세상과는 어울리지 않습니다. 갓 기저귀를 뗀 아이들에게 엉덩이를 흔들어서는 안 된다는 것을, 곰 세 마리 노래를 부를 수 없다는 것을, 그림책을 볼 수 없다는 것을 어떻게 납득시킬 수 있을까요. 사회가 아무리 예술을 금지하고 어른들이 막아도 아이들은 여전히 맑은 두 눈을 빛내며 본능적으로 춤을 추며 노래를 부르고 그림을 그릴 것입니다. 마치 생후 5개월이면 뒤집기를 하고 첫돌을 지나며 걸음마를 시작하는 것처럼 당연하고도 자연스럽게 말입니다.

아이의 삶,
그 자체가 예술   평균수명 100세를 바라보는 인간의
삶에서 아동기는 가장 짧은 시기입니다. 그 짧은 아동기가 남은 성년의 삶 전부를 좌우한다 해도 과언이 아닐 만큼 매우 중요하다고 전문가들은 입을 모아 말합니다. 그렇다면 그토록 중요한 아동기에는 평생의 생존을 위한 전술과 전략, 경쟁을 배우는 데 전력을 다해야 할 것만 같은데, 참 아이러니하게도 아이는 가장 예술적인 삶을 살도록 프로그래밍 되어 있는 듯합니다. 전 생애를 통틀어 가장 오랜 시간 가장 많은 그림을 그리고, 가장 부끄러움 없이 춤을 추고, 또 누가 시키기만 하면 거리낌 없이 노래를 부르는 가장 예술가적인 삶, 어쩌면 예술가들마저도 가장 부러워하며 꿈꾸는 삶 말입니다.

그래서 니체는 아이들을 향해 "어린아이는 천진난만이요, 망각이며, 새로운 시작, 놀이, 스스로의 힘으로 굴러가는 수레바퀴이며, 최초의 운동이자 신성한 긍정"이라고 극찬을 아끼지 않았습니다.

세상을 바라보는 아이의 시선은 온통 경이로움과 호기심으로 가득 차 있고, 그 시선은 창조적인 놀이와 예술로 연결됩니다. 세상 만물이 어린아이들에게는 예술이 되고 그렇게 예술로 가득 찬 자기만의 세상 속에서 인생의 가장 중요한 시기를 보냅니다. 결국 아이가 자라서 나가야 할 세상에서 더욱 필요한 것은, 전쟁터 같은 삶의 경쟁에서 살아남을 전투 기술이나 생존 전략이 아니라 풍부한 예술 경험을 통해 얻는 안정된 정서와 창의적 능력이라는 사실을 증명하는 거라 할 수 있습니다.

그런데 어린아이의 시절에는 그렇게나 자연스러웠고, 또 인류 역사 속에서 우리의 삶과 늘 가까웠던 예술이 이상하게도 근현대 사회로 넘어오면서는 특별한 대우를 받으며 어려운 것, 우리와 거리가 먼 것으로 인식되고 있습니다. 주위를 둘러보면 예술가와 예술 콘텐츠가 넘쳐나는 풍요의 시대를 살아가고 있지만 예술 향유나 예술교육은 여유 있는 상류층을 위한 것, 특별한 재능을 가진 아이만 하는 것이라는 부담스런 시선이 존재합니다. 그러는 사이 생활 속에서 일상적이고 평범해야 할 예술은 또다시 우리 아이들에게 왜곡된 모습으로 전해 내려갑니다. 어릴 적 피아노학원을 다녀본 사람의 수로는 전 세계에서 가장 손꼽히는 나라이지만, 막상 자신이 좋아하는 피아니스트가 한 명도 없고 피아노 연주회를 즐겨 찾는 사람도 흔치 않은, 기형적이고도 안타까운 모습으로 말입니다.

예술은
삶을 이루는 자양분   독일 철학자이자 과학적 교육학의

아버지로 불리는 헤르바르트 J. F. Herbart 는 아이들을 대상으로 이뤄

지는 모든 교육의 핵심 과제가 바로 심미적 활동, 즉 예술에 있다고

강조하였습니다. 그가 강조하는 예술은 흔히 우리가 오해하는 것

처럼 단순히 그림을 좀 더 잘 그리거나 피아노를 잘 치는 기교만이

아닙니다. 인간이 지닌 감각을 바탕으로 세상을 바라보고 소통하

고 이해하는 활동이 '예술'이라고 한다면, '예술 향유'나 '예술교

육'이란 인간으로서 살아가는 데 가장 근본적이고 기초적으로 필

요한 교육이자 활동이라 말하고 있는 것입니다. "예술의 궁극적인

목적은 인생이 살 만한 가치가 있다는 것을 일깨워주는 것"이라는

헤르만 헤세의 말도 이와 같은 맥락일 것입니다.

　예술은 사람의 전 생애에 걸쳐 삶을 풍요롭게 만들어주는 정서

의 음식입니다. 사람은 자신이 어떤 경험을 갖느냐에 따라 그 삶의

행로를 달리하게 마련입니다. 어릴 때의 예술적 경험과 기반은 그

사람이 일생 동안 예술을 가까이 하느냐 아니냐에 영향을 미치게

됩니다. 또, 어린 시절의 문화예술적 경험은 훗날 어른이 되어 살아

갈 때 성취감과 자신감의 토대가 됩니다. 실제로 음악회를 찾고 미

술관과 박물관을 다녀보는 것만으로도 사람들은 자존감이 높아진

다는 연구 결과도 있습니다. 결국 사람은 의미 있는 문화예술적 경

험들을 삶의 자양분으로 삼아 자기 자신을 긍정하고 격려하면서

인생의 굴곡마다 숨겨진 난관을 뚫고, 꿋꿋하게 자신의 삶을 살아가는 한 인간으로서 성장할 수 있습니다.

지금은 예술이 우리 아이들의 성장과 앞날에 어떤 영향을 주는지, 왜 우리가 아이의 예술 밥상에 집중해야 하는지 좀 더 깊이 고민해볼 때입니다. 결과 중심, 평가 중심의 예술교육이 아이의 정서에 영양 결핍을 가져오지는 않았는지, 대중문화에 쏠린 예술 편식이 아이의 예술 근육을 약화시키고 있는 것은 아닌지 살펴봐야 합니다. 모든 것이 풍요로워졌지만 어디를 향해 가는지도 모른 채 경쟁에 내몰린 우리 아이들에게 이제는 육체적 건강뿐 아니라 좋은 삶을 위한 정서적 건강을 챙겨줘야 할 때입니다.

어린 시절, 시간 가는 줄도 모르고 온종일 동네 공터에서 친구들과 놀고 있으면 해질녘 멀리서 들려오던 엄마의 목소리가 있었지요. "○○야, 밥 먹자~!" 얼굴엔 아쉬움이 가득하지만 아이들은 엄마의 목소리 신호를 따라 각자의 집으로 돌아갔고 엄마가 차려놓은 따뜻한 밥상에 둘러앉아 하루를 마무리했습니다. 구수한 밥 냄새와 함께 노을에 실려 동네를 가득 울리던 엄마의 그 목소리는 아이의 생활과 건강을 챙겨주던, 세상에서 가장 아름다운 소리였습니다.

키도, 몸집도 엄마 아빠를 훌쩍 넘어설 만큼 커졌지만 타인과 감정을 나누고 공감하는 데는 젖먹이처럼 미숙한 우리 아이들. 예술이 결핍된 시대, 정서의 공터에 서 있는 우리 아이들을 향해 이제는 큰 소리로 이렇게 외쳐줘야 하지 않을까요? "얘들아, 예술 먹자!"

예 술 은
인 생 의
든든한 방패

아이를 위한 예술 밥상을 차렸을 때, 좋은 영양분들은 가장 먼저 아이의 정서와 마음에 흡수됩니다. "예술이 왜 필요할까요?"라고 물어보면 누구든지 가장 먼저 정서(감수성)에 도움이 된다고 대답하는 까닭이 바로 여기에 있을 것입니다. 예술이 정서를 키워준다는 말은 과연 무슨 뜻일까요. 정서가 다양한 감정을 뜻하는 말이라고 할 때, 정서가 불안하다거나 정서가 풍부하다는 말은 무슨 뜻일까요.

아이의 정서와 관련해 예술이 어떤 영향을 끼치는지 이야기한다면, 예술은 '숨은 언어', '마음의 고향', 그리고 '또 다른 삶의 체험'이라고 할 수 있습니다. 감정은 사람의 마음속에서 끊임없이 일어납니다. 어른이 되어갈수록 숨겨야 하는 일이 많아지지만 감정은 숨긴다고 없어지는 게 아닙니다. 만약 감정을 숨기려 한다면 또 다른 부작용을 낳곤 합니다. 그래서 자신의 감정을 잘 알아차리는 것이 매우 중요합니다. 지금 이것이 어떤 감정인지, 어떤 상태인지, 알아주고 바라봐주고 기다려주는 과정이 필요한 것입니다. 이런 과정이 건강하게 이루어질 수 있도록 하는 데 도움을 주는 것이 바로 예술입니다. 글이나 말로써 다 표현하지 못하는 감정을 작가의 삶이나 작품의 스토리, 혹은 표현 방식을 통해 해석하고 바라보는 것만으로도 우리의 정서는 치유되고 회복될 수 있습니다. 예술은 우리 감정을 위한 대변인이자 숨은 언어이기 때문입니다.

예술은 마음의 고향, 또 다른 삶의 체험

예술은 우리 마음이 힘들 때 언제든 찾아갈 수 있는 고향과 같은 것이기도 합니다. 감정을 다치거나 스트레스를 받는 상황이 올 때 사람들이 찾는 것은 제각각 모두 다릅니다. 누구는 친구를 찾고 누구는 술을 찾고 누구는 잠을 찾습니다. 그렇게 감정의 숨은 이야기를 쏟아내고 해소할 수 있는 것이 마음의 고향입니다. 너무도 유명한 아동문학 작품인 《플랜더스의 개》의 주인공 네로는 그림을 마음의 고향으로 삼았습니다. 가난과 어려움 속에서도 형제처럼 사랑하는 파트라슈와 함께 그림을 그리며 행복할 수 있었습니다. 마지막 장면에서 네로는 결국 마음의 고향인 그림, 자신이 동경하던 루벤스의 그림 아래서 파트라슈를 껴안고 죽음을 맞이합니다. 힘들 때면 그림을 그렸던 어린 네로처럼, 음악을 크게 듣거나 그림을 그리고 낙서를 하며 스트레스를 푸는 우리들 또한 마음의 고향을 예술에서 찾고 있는 것일지 모릅니다.

또, 예술은 또 다른 삶의 체험이라고 할 수 있습니다. 제가 아는 한 교수님은 대학에 입학하자마자 연극 동아리를 찾았다고 합니다. 사춘기를 몹시도 힘겹게 겪었던 탓에 도대체 다른 사람들의 삶도 이렇게 힘이 들까 무척 궁금했는데, 그 궁금증을 해결할 길은 다시 태어나거나 연극을 하는 것, 이 두 가지밖에 없는 것 같더랍니다. 결국 그 교수님은 대학 시절 내내 연극을 통해 무대 위 다양한 삶들을 살았고, 치유와 더불어 성장할 수 있었다고 합니다. 허구의 세상 속에서 아이들은 안전하게 여러 인생을 살아보며 성공과 실패, 기쁨과 슬픔을 경험할 수 있습니다. 예술가들이 표현해놓은 이런저런 삶의 이야기들을 마주할 때, 우리는 자신의 삶을 보다 가치 있게 살 수 있는 힘 또한 얻게 됩니다. 그리고 우리는 그것을 마음이 움직이는 힘, '감동'이라고 부릅니다. 이렇게 어린 시절부터 예술을 맛보며 자란 아이들은 어른이 되어서도 예술을 통해 자신의 삶을 한층 더 다채롭고 풍부하게 이끌어갈 수 있습니다.

인생의 가장 든든한 방패가 되는 예술

지금까지 예술이 가지는 이미지는 '방패'보다 '무기'에 가까웠습니다. 상류층이 부를 과시하거나 지배를 확고히 할 때 주로 이 '예술 무기'를 내밀었기 때문입니다. 그러나 이것은 역사 속에서 만들어진 반쪽짜리 이미지일 뿐, 우리의 아이들에게 예술은 '무기'가 아니라 오히려 자신을 지키는 든든한 '방패'가 될 수 있습니다. '우연'이 지배하는 세상을 살아가는 데는 공격할 일보다 방어할 일이 훨씬 더 많습니다. 그런 세상에서 단단히 중심을 잡고 살아가게 하는 내적인 힘이 정서라면, 그것을 지켜주는 단단한 방패는 바로 예술일 것입니다.

예일대 법대 출신의 수재였던 전 미국 대통령 클린턴은 어린 시절부터 색소폰을 즐겨 연주했습니다. 대통령이 된 뒤에도 습관처럼 자리를 가리지 않고 악기를 연주했다는 일화는 유명합니다. 투자의 귀재이자 세계 5대 부자에 항상 이름이 오르는 워런 버핏도 틈만 나면 하와이 민속악기인 우쿨렐레를 연주한다고 합니다. 우쿨렐레 수집 또한 그가 가장 즐기는 취미인데, 세상에서 가장 바쁜 사람 중 한 명인 그에게 휴식과 영감을 선사합니다.

얼마 전 우리나라에서 개최된 세계수학자대회에서 필즈상(수학의 노벨상)을 수상한 프린스턴 대학 석좌교수 만줄 바르가바 Manjul Bhargava 도 가장 즐기는 취미이자 스트레스를 푸는 방법으로 음악을 꼽았습니다. 어려운 수학 문제에 부딪힐 때면 잠시 내려놓고 피아노나 인도 전통악기 타블라를 연주하는데, 수학과 음악은 패턴을 찾아간다는 점에서 매우 비슷하다고 합니다. 그래서 음악을 듣거나 연주하는 게 오히려 복잡한 수학 문제를 푸는 데 여러 가지로 도움이 된다는 것입니다. 인생의 숱한 문제와 스트레스로부터 예술을 방패 삼아 안전하고도 지혜롭게 자신을 지켜낸 이들의 건강한 모습이 아닐까 합니다.

예술은 아주 오래 전부터 사람의 마음(감정)과 정서를 어루만지고 북돋워주었습니다. 아이들이 살아가면서 마주할 세상은 부모들이 관여할 수도 도와줄 수도 없습니다. 지금까지의 교육은 아이에게 물고기를 대신 낚아주지 말고 물고기를 직접 낚는 방법을 알려주라고 이야기해왔습니다. 예술교육은 한 걸음 더 나아가 물고기를 낚는 방법보다 낚시를 하는 동안의 과정과 의미를 알고 즐길 수 있도록 하는 교육, 강태공의 지혜와 감성을 가진 아이로 키우는 교육이라고 할 수 있습니다. 복잡다단한 우리 아이들의 인생에서 예술은 그 무엇보다 안락한 쿠션이자 단단한 방패가 되어줄 것입니다.

예 술 은
지적 발달의
무한한 연료

두 아들을 모두 미국 명문 대학에 보낸 한 엄마를 만난 적이 있습니다. 그분도 역시 한국의 여느 엄마들처럼 꼼꼼히 스케줄을 짜서 아이들을 학원에 보냈지만, 한 가지 특별한 점은 아이들에게 각각 일정한 자유 시간을 주었다는 것입니다. 바로 운동과 예술 활동을 하는 시간이었습니다. 활동적인 성격의 큰아들은 주말마다 반나절 씩 마음껏 공을 차는 것과 주 2회 드럼을 치며 친구들과 밴드 활동 하는 것을 지지해주었고, 조용한 성격의 둘째 아들은 매일 한두 시 간씩 만화 그리는 것을 격려해주었답니다. 아이들은 학창 시절 내 내 상위권 성적을 유지하면서 친구들이나 부모와의 관계도 매우 원만했다고 합니다 국내외 명문대를 입학하는 것만이 아이의 행복이자 성공이라고 말할 수는 없겠지만 예술 활동을 통해 학업과 정서, 관계와 스트레스 모두를 함께 관리한 것만큼은 아이와 엄마의 탁월한 선택이지 않았을까요.

놀이와 예술로 키우는
아이의 감성 뇌   인간의 뇌는 기본적으로 세 시기를 거쳐 발달한다고 합니다. 먼저 0~2세 때는 아이의 뇌가 시냅스와 뉴런이라는 네트워크 가지(신경회로망)를 뻗으며 적극적으로 신체를 발달시키는 시기입니다. 아이는 뒤집고 걷고 만지고 맛보며 온몸으로 모든 감각을 발달시킵니다. 그래서 이 시기에 아이가 텔레비전이나 스마트폰에 지나치게 많이 노출되면 뇌 발달을 저해하게 된다고 합니다.

두 번째로 2~6세 때는 전두엽과 우뇌가 활발하게 자라면서 감성과 상상력, 정서와 창의력이 발달하는 시기입니다. 천재적인 예술가들은 다른 사람보다 우뇌와 전두엽이 발달했다는 연구도 있습니다. 창의적인 뇌가 가장 많이 발달하는 때이자 놀이와 예술을 통한 감성과 상상력(창의력)이 최적화되는 시기로, 아이의 평생을 위해서라도 절대 놓치지 말아야 할 때입니다.

두정엽과 좌뇌가 발달하여 비로소 수학이나 과학과 같은 학습해결이 가능해지는 세 번째 시기인 7~15세 무렵도 사실은 두 번째 시기를 얼마나 제대로 보냈느냐에 의해 영향을 받습니다. 그런 만큼 (세 시기 가운데 어느 때인들 중요하지 않겠습니까마는) 수많은 과학자와 교육자들은 전두엽과 우뇌의 발달이 이루어지는 두 번째 시기가 특히 중요하다고들 말합니다. 이 시기 아이의 뇌는 스펀지에 가깝습니다. 세상을 표현하는 방식과 언어, 정서와 인성 등을 부모에게서 스펀지처럼 흡수합니다. 한국의 많은 부모들이 학습지와 조기교육을 시키는 시기이기도 하지만, 엄밀히 말하자면 공부에 대한 뇌 회로는 발달도 안 된 시기입니다. 오히려 7세 이전부터 이뤄지는 조기교육으로 인해 감성의 뇌를 충분하게 발달시키지 못한 아이들일수록 감정을 제대로 다루지 못해 중독이나 폭력에 쉽게 빠지고 행복지수 또한 낮다는 분석이 있습니다.

그래서 "애들은 놀면서 커야 한다."는 옛날 어르신들의 말씀이 어쩌면 아이들의 전두엽과 우뇌 발달을 위한 최고의 교육법이었는지도 모르겠습니다. 아이들의 놀이는 대부분 예술과 이어져 있습니다. 노래를 부르거나 그림을 그리거나 만들기를 하는 모든 활동이 상상과 창조의 세계에서 놀이로 확장됩니다. 놀이를 통해 이뤄지는 예술 활동은 아이의 전두엽을 자극하여 정서의 뇌, 창조의 뇌, 안정감의 뇌, 인성의 뇌, 상상의 뇌, 회복의 뇌를 발달시킵니다. 뇌 발달의 과학적인 비밀이 사실은 어려운 학습지나 영재교육이 아니라 놀이와 예술 속에 숨겨져 있었던 것입니다.

지적 발달을 위한
무한의 연료, 예술

　　　　예술의 놀라운 역할은 여기서 끝나
지 않습니다. 예술은 좌뇌와 우뇌의 균형을 잡아주어 인간의 평생
에 걸친 뇌 발달에 도움을 줍니다. 그런 만큼 예술은 우리 아이들의
지적 발달과 성장을 위한 무한의 연료가 되기도 합니다.

　예술교육을 통해 가장 탁월한 성과를 보이는 분야는 언어능력
입니다. 카네기 재단에서 진행된 연구[1]에 의하면 예술교육에 참
여하는 아이들이 다른 아이들에 비해 높은 언어 구사력을 보였
고, 시카고의 한 연구[2]에서도 예술교육을 받은 6학년 아이들이 다
른 아이들보다 읽기 시험에서 크게 앞서는 성과를 보였습니다. 또
OECD 교육연구 혁신센터가 발표한 보고서[3]에서도 연극 수업을
받은 아이들이 이해력, 독해력, 문장력, 어휘력 등의 분야에 높은
점수를 기록한 것으로 나타났습니다. 최근의 대학입시 경향만 봐
도, 점점 더 논술이나 통합형 서술 문제에 집중되면서 언어능력에
대한 관심이 높아지고 있습니다. 언어능력은 좌뇌의 영역이긴 하
지만, 예술교육을 통해 상상력과 창의력에 관계된 비언어적인 우
뇌가 발달할 때 좌뇌 또한 활성화된다고 합니다.

1　"The Advancement of Teaching", Stanford University, Carnegie Foundation, 1999.

2　"Chicago Arts Partnerships in Education Summary Evaluation", Imagination Project at University of California Graduate School of Education & Information Studies, 1999.

3　"Art for Art's Sake – The Impact of Arts Education", OECD CERI, 2013.

예술교육은 언어능력뿐만 아니라 학업 전반에 도움을 준다는 연구 결과 또한 있습니다. 앞서 다룬 OECD 교육연구 혁신센터의 보고서에서는 미술과 관련된 시각예술 수업이나 연극 수업을 들은 아이들의 SAT(미국 대학 입학 시험) 성적이 일반 아이들보다 높게 나왔다고 합니다. 음악 수업을 받은 어린이들도 그렇지 않은 아이들에 비해 IQ가 더 높아진 것으로 나타났는데, 학습과 지능 전반에 예술교육이 긍정적인 영향을 준다는 사실을 알 수 있습니다.

〈예술과 인간 발달〉[4]이라는 미국의 한 연구 보고서를 보면, 일주일에 9시간 이상 예술교육을 받은 아이들이 그렇지 않은 아이들보다 출석률은 3배 이상, 학업 성취율은 4배 이상 높았다고 합니다. 이렇듯 선진국에서는 예술이 학업에도 긍정적인 영향을 준다는 연구가 이미 활발하게 이루어져 왔습니다.(우리나라 부모들에게도 솔깃한 정보일 것입니다.) 미국의 보딩스쿨과 같은 명문 사립 중·고등학교에서는 학년이 높아질수록 오히려 예술교육 시간의 비중을 늘리고, 뉴욕 등 일부 주에서는 예술교육 시간을 법으로 지정할 만큼 예술교육을 제도화하는 현실적인 노력을 기울이고 있습니다. 하지만 우리의 교육 현실을 보면 이와는 사뭇 다르게 아이가 중학교에 입학하는 순간 약속이나 한 것처럼 미술학원과 피아노학원을 모두

---

4 "THE ARTS AND HUMAN DEVELOPMENT : Framing a National Research Agenda for the Arts, Lifelong Learning and Individual Well-Being", NEA, 2011.

그만두게 하고, 학년이 높아질수록 예술교육의 비중도 낮아집니다. 어쩌면 그것이 어른들의 의도와는 반대로 오히려 아이의 균형 있는 뇌 발달과 학습 능력을 떨어뜨리는 것일지도 모르는데 말입니다. 상급반으로 학년이 올라갈수록 예술 수업의 시수를 줄이는 우리 교육의 현실에 대해서는 반드시 새로운 논의가 필요할 것 같습니다.

결과적으로, 예술은 아이들이 학업을 잘 수행할 수 있도록 최적의 정서 상태를 만들어주는 데 기여합니다. 아이들의 학업 성취를 높이기 위해서는 학업으로 인한 스트레스를 관리하고 인내심을 키우며, 그리고 원만한 학교생활을 하는 것이 중요합니다. 실제로 미국에서는 IQ보다 인내심이 성적에 더 큰 영향을 미친다는 연구 결과[5]도 있습니다. 예술 활동을 통해 아이들이 인내심을 기르고 스트레스를 잘 다스려 학업 성취가 높아지게 되면 자존감과 자신감도 함께 높아집니다.

균형 있는 뇌 발달을 위한
평생 예술교육   인간의 뇌는 언제까지 성장하고, 어느 시기에 가장 많이 발달하는 것일까요? 놀랍게도 인간의 '뇌' 발달은 평생을 통해 이루어진다고 합니다. 한 연구에 따르면, 10대

---

5 "GRIT : Self Control", The Duckworth Lab of University of Pennsylvania, 2007.

의 뇌는 이미 다 만들어진 것이 아니라 아직도 변화하는 중이며 뇌가 매우 유연하다는 사실이 밝혀졌습니다. 그래서 생애 초기 발달 과정에서 뇌 발달이 제대로 이루어지지 않았다고 하더라도, 아동·청소년기에 재구성할 수 있는 기회가 얼마든지 있는 것입니다. 따라서 뇌 발달이 완성되기 전, 특히 10~13세 때에 다양한 문화예술 경험을 통해 뇌를 자극하면 균형 있는 뇌 발달과 더불어 아이들이 정서적으로 안정되고 행복하고 건강하게 자라는 데 도움이 될 수 있습니다.

아동·청소년기의 고르고 적절한 뇌 발달도 중요하지만, 기초적인 뇌 발달이 이뤄진 이후의 좌뇌와 우뇌의 균형 잡힌 성장도 매우 중요합니다. 전문가들은 양쪽 뇌의 불균형이 심해질 경우 사회 부적응이나 발달 장애가 올 수도 있다고 경고합니다. 우리 사회 전반을 살펴보면 우려될 만큼 좌뇌의 사용에만 치우쳐 있는 경향이 있습니다. 그래서 하루 종일 공부만 하거나 일만 하는 사람들은 우뇌가 담당해야 할 공감과 사회성, 정서를 잃어버려 어려움을 겪기도 합니다. 그러므로 뇌의 균형을 잃지 않기 위해서라도 뇌 발달이 계속되는 평생에 걸쳐 우뇌를 위한 정서적이고 예술적인 자극은 반드시 필요하다고 할 수 있습니다. 영화 한 편을 감상하는 것도 좋고 음악을 듣거나 신나게 춤을 추거나 좋은 시 한 편을 읽는 것도 좋습니다. 감상이나 창작을 통한 감성적 예술 활동은 나이와 직업을 가리지 않고 우뇌의 자극을 돕기 때문입니다. 아이의 학습량이 늘어나면 늘어날수록, 가족의 일이 많아지면 많아질수록 예술을 통한 뇌의 균형, 뇌의 건강을 반드시 챙겨야 할 것입니다.

예술에 숨겨진
회복탄력성의
비   밀

몇 해 전 EBS TV에서 방영한 〈한국에서 초딩으로 산다는 것〉이라는 다큐멘터리 방송을 본 적이 있습니다. 초등학교 때부터 성적 스트레스로 인해 자신과 세상을 비관하고 자살을 시도하기도 하는 어린아이들의 이야기를 접하면서 가슴이 먹먹했습니다. 이토록 풍요로우면서도 아픈 나라, 아픈 시대가 또 있을까 하는 생각이 듭니다. 우리나라는 10년째 OECD 국가 중 자살률 1위를 벗어나지 못하고 있고, 10대의 사망 원인 중 1위가 자살인 나라입니다. 조사 결과마다 조금씩 차이가 있겠지만 초등학생은 다섯 명 중 한 명, 중·고등학생은 세 명 중 한 명 이상이 자살을 생각해봤다는 통계 수치는 우리의 아픈 현실을 그대로 반영하고 있습니다.

그래서인지 최근에는 IQ와 EQ에 이어 RQ ^{Resilient Quotient}가 새롭게 주목받고 있습니다. RQ란 문제 상황이나 좌절, 어려움을 겪을 때 폭력이나 중독, 도피나 자살 등의 극단적인 선택을 하는 것이 아니라 포기하지 않고 극복하여 앞으로 나아가는 '회복탄력성'을 뜻합니다. 이 회복탄력성을 갖기 위해서는 자신의 좌절된 감정을 인지하고 표현하는 것이 무엇보다 중요하다고 전문가들은 이야기합니다.

아이의 상처를 어루만져주는 예술

아이들은 어른에 비해 표현이 서툴고 자신의 감정을 잘 알아채기가 어렵기 때문에 아이들의 감정과 아픔은 쉽게 무시되고 방치되기 쉽습니다. 우리는 흔히 민주화된 나라, 민주적인 가정, 민주적인 학교 환경 속에서 아이를 키우고 있다고 생각하지만, 자신의 감정을 드러내는 것을 우리 사회가 그리 반기는 편은 아니었습니다. 규율이나 제도 속에서 큰 감정 표현 없이 말 잘 듣고 얌전한 아이가 모범생으로 인정받는 사회 분위기 때문에, 때로는 교사나 부모도 아이가 자신의 감정을 드러내는 것을 받아들이기 힘들어합니다. 이럴 때 예술은 우리 아이들의 감정을 거르지 않고 받아주고 맘껏 발산해낼 수 있는 세계입니다.

연평도 포격 사건의 피해 어린이들이나 세월호에서 살아남은 청소년들이 미술치료를 받았다는 소식이 전해옵니다. 최근 TV

나 매스컴에서 정서적 어려움을 겪고 있는 아이들이 집과 나무 등을 그리며 미술치료를 받는 모습을 자주 접하게 되면서 예술치료는 더 이상 낯설지 않습니다. 실제로 예술치료는 학교 폭력이나 가정 폭력, 치매 등 다양한 정신 및 정서 치료에 널리 활용되고 있습니다. 앞서 뇌 발달에 관해서 살펴보았듯이, 예술이 정서적인 영역인 우뇌를 자극해서 불안하고 고통스러운 마음을 정화하고 순화하는 데 도움을 주기 때문입니다. 또 예술치료가 집단의 심리 문제를 치료하는 데는 일반적인 상담심리 기법보다 효과적이라고 합니다. 또한 피해에 대한 인식이 부족하고 어른에 비해 언어 표현력이 떨어지는 어린아이들에게는 예술을 통한 접근이 좀 더 수월하기도 합니다. 아동 성폭력 피해 어린이가 미술치료 활동을 통해 진단을 받거나 외상 후 장애를 예술로 치료하는 것도 이러한 맥락에서입니다.

그러나 굳이 전문가나 전문 시설의 도움을 받지 않더라도, 아이들에게 예술은 다친 감정을 어루만져 치유하고 정화하는 훌륭한 역할을 합니다. 아이는 어른보다 꾸밈이 없고 솔직합니다. 예술은 아이의 그 솔직한 감정을 있는 그대로 표현하게 해주는 훌륭한 도구가 됩니다. 아이가 만들어내는 작품은 그 당시 아이의 감정이나 관심 분야, 아이가 느끼는 사람과 사물에 대한 생각을 솔직하게 보여줍니다. 그래서 아이의 창작물이 아이의 상태를 평가하는 척도가 되기도 합니다 뿐만 아니라 아이 입장에서는 예술 활동을 통해 억눌린 마음과 감정을 표출하고 자기 자신을 객관적으로 바라볼 수도 있습니다. 예술이 아이들로 하여금 스스로 치유할 수 있도록 도와주는 것입니다. 억눌려진 감정은 해소하지 않으면 응어리가 되어 언젠가 더욱 부정적인 방향으로 표출되게 마련입니다. 이때 예술은 스스로 억눌러왔던 감정이나 왜곡되게 가졌던 생각을 표현하고 정화할 수 있게 해주어 아이의 긴장과 불안을 줄이고 마음을 다독이는 역할을 하게 됩니다.

감정의 스펀지,
예술
카타르시스란 말은 마음속에 슬픔이나 분노, 두려움이 쌓였을 때 비극 속 주인공을 보면서 동화되기도 하고 공감하기도 하면서 정화되는 과정을 의미합니다. 정신분석학자 프로이트는 카타르시스에 대해 "마음속에 쌓인 응어리를 표현하고 풀어내면서 느끼게 되는 정신적인 안정 효과"라고 정의하였습니다. 아주 슬프거나 분노가 일 때, 억지로 외면하고 참기보다는 일부러 더 슬픈 영화나 연극을 보고 슬픈 음악을 듣는 것이 도움이 되는 이유입니다.

예술가는 자신의 내면세계와 감정을 보다 잘 표현하는 능력을 가진 사람들입니다. 그래서 우리가 예술가의 삶이나 철학, 예술가의 상처나 사랑 이야기가 담긴 작품을 대할 때 (그림이든 음악이든 영화나 공연이든) 그것을 통해 카타르시스를 쉽게 느낄 수 있습니다. 어린아이도 어리다고 해서 무조건 밝고 신나는 음악이나 공연만 감상해야 하는 것은 아닙니다. 아기는 생후 3개월부터 분노를 느낀다고 합니다. 표현 방법이 어른과 다를 뿐이지 아이들이 느끼는 다양한 감정은 부모가 생각하는 것보다 일찍 찾아오고 반복되고 지속됩니다. 그렇기 때문에 일부러 슬픈 음악을 틀어줄 필요는 없지만 느린 클래식 곡이나 단조의 국악 연주곡, 또 잔잔한 분위기의 공연 등을 감상하게 함으로써 억눌린 감정을 해소할 기회를 줄 수 있습니다. 아무것도 아닌 것 같지만 예술을 통해 응어리가 해소되었을 때 느끼는 안정감은 그 어떤 위로보다도 크기 때문입니다. 아이의 마음속에 쌓여 있던 응어리가 사라지는 시점이 언제 어떻게 찾아올지 모릅니다. 그래서 아이는 음악과 공연, 그림과 문학 등 다양한 장르의 예술을 자연스럽게 접하고 마음껏 즐기면서 자라야 합니다.

또한, 아이가 예술 활동을 통해 자유롭게 발산하고 표현해내는 것들이 지나치게 강렬하거나 심지어 폭력적으로 느껴질지라도 그것이 다른 사람과 아이 자신에게 해를 끼치지 않는다면 기다리고 지켜봐주어야 합니다. 어린아이는 24개월에 300여 개, 5세가 되어야 2천여 개의 단어를 겨우 사용하게 됩니다. 이런 어휘력의 한계로 인해 아이들은 어른보다 더 많은 숨은 언어와 숨은 감정을 가지게 됩니다. 그래서 아이들은 하고 싶은 말이 있을 때 손짓과 몸짓을 보다 많이 사용하며, 그렇기에 아이들이 말하지 못할 상처를 끄집어낼 때는 미술치료나 음악치료를 하는 것이기도 합니다.

　아이가 어떤 날은 어두운 색 물감을 스케치북 한가득 짓이겨놓기도 하고, 어떤 날은 우울하고 비관적인 내용이 가득한 노랫말을 지어 제멋대로 부를 수도 있고, 또 어떤 날은 감정을 담아 일부러 세게 피아노를 두드리기도 할 것입니다. 이때 무작정 혼내기보다는 예술 활동을 통해 충분히 자기 마음을 표현할 기회를 주고, 아이가 표현한 작품을 매개로 하여 대화를 조심스럽게 이끌어가보면 어떨까요. 알고 보면, 유명한 화가들이 자신의 상처를 작품으로 그려낸 것이나 아이들이 자신을 혼내는 엄마를 괴물로 그린 것이나 사실은 같은 목적과 같은 효과를 갖습니다. 오히려 "이때는 엄마가 이렇게 보일 만큼 미웠구나!"라고 아이의 상한 감정을 알아주면 아이에겐 치유의 시간이 될 것입니다.

　예술 안에서 자라는 아이는 예술을 통해 건강하게 마음을 발산하고 좌절과 아픔을 해소합니다. 그래서 아이의 예술 활동을 지켜볼 때는 아이의 감정이 어떠한 상태인지 눈여겨보고, 아이가 그것을 건강하게 회복해내고 있으며, 그리고 예술이 그 감정을 안전하고 따뜻하게 받아주고 있음을 믿어주는 것이 필요합니다. 그래야 아이들은 자라면서 폭력이나 중독처럼 자기 파괴적인 것이 아니라 예술을 통해 아픔과 갈등을 표출하고 정화하며 비로소 스스로를 치유하는 회복탄력성을 키워나갈 수 있습니다.

면역력을 높이는
예술치료

　　　　　　　예술을 통한 회복과 치유가 정신이
나 심리에만 국한되는 것은 아닙니다. 스트레스와 몸의 건강이 매
우 밀접한 관계에 있는 만큼, 예술은 마음을 위한 처방인 동시에 몸
의 질병을 이겨내는 데에도 도움이 될 수 있습니다.

　독일에 잠시 머물던 때, 심한 감기에 걸려 병원에 갔는데 의사가
비타민 한 알을 건네주며 좋은 음악을 듣고 푹 쉬라고 하더군요. 미
심쩍긴 했지만 어쩔 수 없이 의사의 처방을 믿고 따랐을 뿐인데, 감
기는 거짓말처럼 금세 떨어져나갔습니다. 어쩌면 그 의사는 마음
의 감기를 앓고 있던 제게 예술 처방을 내려줬던 것 같습니다.

　실제로 지난 20년간 이루어진 선진국들의 연구 결과에 따르면,
예술치료는 암 환자나 중증 환자의 스트레스를 줄여줘 치유력과
삶의 질을 개선하는 데 도움을 주는 것으로 나타났습니다. 통증이
심한 말기 암 환자들에게 일정한 주기로 좋아하는 음악을 감상하
게 했을 때 스트레스가 줄어드는[6] 것은 물론이고, 환자들의 불면증
이나 통증도 직접적으로 줄어들었다고[7] 합니다. 병상에 있는 소아
암 어린이들에게 손인형극을 보여주었을 때 스트레스와 통증이 줄

6　〈선호 음악 감상의 음악치료가 말기암 환자의 통증 정도에 따른 정서 및 스트레스에 미치는 효과〉, 이
　은해, 최성은, 2012, 한국호스피스완화의료학회지.
7　〈음악치료가 암환자의 통증감소와 수면에 미치는 영향〉, 윤웅, 2007, 한세대학교 석사학위논문.

어드는 효과[8]가 있고, 심장병 환자들에게 30분간 음악을 틀어주면 불안과 우울 증세에 사용하는 약물을 10mg 투여한 것과 같은 효과가 있다는 연구 결과[9]도 있습니다.

　미술이나 음악 등을 접할 때면 자율신경계가 자극이 되어 균형을 이루고 긍정적인 호르몬 변화가 생기는데, 이 같은 작용이 신체의 면역 시스템을 강화하면서 치료에 도움을 주는 원리랍니다. 예술을 접할 때 스트레스 호르몬인 코르티솔이 감소할 뿐만 아니라 우리 몸 안에서 암세포를 파괴하는 착한 면역세포까지 증가하는 것입니다. 예술이야말로 우리의 몸과 마음을 위한 가장 자연친화적이면서도 아름다운 치료제라고 할 수 있습니다.

8　"Bedside theatre performance and its effects on hospitalised children's wellbeing", Persephone Sextou & Claire Monk, 2012, Arts & Health.

9　"Music therapy on critical-care heart patients' reports Raymond Bahr (the director of coronary care at St. Agnes Hospital in Baltimore) in th book 'The Mozart Effect'", Don Campbell, 2001.

예술은 조화와 창의의 시대를 살아가는 힘

프랑스 파리에 있는 루브르 박물관은 명성만큼이나 많은 관람객들로 항상 붐비는 곳입니다. 그중에서도 가장 인기 있는 작품은 바로 르네상스 시대의 거장 레오나르도 다 빈치의 작품 〈모나리자〉입니다. 그러나 레오나르도 다 빈치는 〈모나리자〉와 〈최후의 만찬〉을 그린 화가로만 평가받기에는 아까운 융합형 인재였습니다.

레오나르도 다 빈치를 설명할 수식어는 참으로 다양합니다. 예술가이면서도 뛰어난 수학자이자 발명가, 물리학자, 건축학자, 천문학자, 해부학자 등 그야말로 다양한 분야에 관심을 가지고 탁월한 재능을 발휘했던 인물입니다. 방부제도 없던 시절, 썩는 냄새를 맡아가며 30여 구의 시체를 해부하였고, 뼈와 근육을 세밀하게 그린 해부도만 1700여 장을 그린 노력파이기도 했습니다. 그는 상상력과 창의성도 풍부했지만 그것을 뒷받침할 수 있는 논리력과 분석력 또한 균형적으로 갖추고 있었습니다.

오늘날에까지 사람들의 시선을 사로잡는 '모나리자'의 전체적인 얼굴 비율이 1 대 1.618의 황금비율로 이뤄졌다는 사실도, 알고 보면 우연이 아닌 레오나르도 다 빈치만의 융합형 재능이 빛을 발휘한 결과였습니다. 그런 점에서 볼 때, 레오나르도 다 빈치는 우리나라의 조선시대에 태어났어도 혹은 다음 세기 미래사회에 태어났어도 여전히 자신의 관심 영역을 펼쳐나가며 재미있게 살 수 있을 것만 같은 생각이 듭니다.

예술이 미래사회의 인재를 키운다

세상은 언제나 빠르게 변해갑니다. 수많은 학자들은 미래사회가 상상하는 것 이상으로 복잡 다양해질 것이라 예측하고 있습니다. 그중에서도 주목해야 할 점은 영역의 경계가 사라지면서 한 가지만 잘하면 된다고 가르쳤던 근현대의 믿음이 빠르게 무너지고 있는 것입니다. 미래학자 다니엘 핑크 Daniel Fink 는 이성적 사고가 중시됐던 정보화사회를 지나 예술적인 사고, 공감적인 사고, 감성적인 사고가 중요하게 여겨지는 창의사회로 전환되고 있다고 말합니다. 그가 말하는 '미래의 인재가 갖추어야 할 여섯 가지 조건'은 경직된 우리 사회와 입시 교육의 시각에서 볼 때 예상을 뛰어넘어 어리둥절할 정도입니다.

그 여섯 가지 조건은 바로 '디자인', '스토리', '조화', '공감', '놀이', 그리고 '의미'입니다. 수학과 영어에 관해서라면 자신 있게 준비시킬 수 있겠지만 '스토리', '조화', '공감', '의미'는 도대체 어디서 어떻게 가르쳐야 하는 것인지 우리나라 부모들에게는 감조차 오지 않는 말일 것입니다.

위의 조건만 놓고 본다면 14~15세기 르네상스 시대는 세상의 변화를 즐기며 사는 인재를 교육하는 데 있어 오히려 지금보다 앞섰던 사회인 것 같습니다. 종교와 왕실 권위에 의해 철저히 개인이 무시되던 중세시대에 반발해 고전과 예술, 학문을 통해 개인의 창조적인 힘을 부흥시킨 것이 르네상스의 정신이기 때문입니다. 이들은 예술과 문화를 부흥시킴으로써 과학과 법, 건축 등 다양한 분야에서도 빛나는 유산을 남겼습니다. 분야들 간의 창조적인 조화를 통해 오히려 더 큰 성장을 이룰 수 있었던 것입니다.

이렇게 미래 인재에 대한 교육은 어쩌면 다른 과목이 대신할 수 없는 것일지도 모릅니다. 위의 여섯 가지 조건을 나열할 때 이미 느꼈겠지만, 아마도 예술밖에 할 수 없는, 그래서 반드시 예술이 담당해야 할 영역일 것입니다. 과학에서든 수학에서든 인문학에서든 레오나르도 다 빈치와 같은 인물들을 키워내기 위해서라도 교육에서 예술을 뒤로 미뤄둘 게 아니라 오히려 조화(융합)를 위한 가장 창조적이고 핵심적인 역할을 하도록 해야 합니다. 만약 청년 레오나르도 다 빈치에게 이러한 힘이 없었다면, 아마 우리는 그가 남긴 낙하산, 잠수함, 습도계 등의 다양한 발명품은 물론 모나리자의 신비로운 미소도 만나지 못했을 것입니다. 그런 점에서 우리는 선진국들이, 그리고 기술과 정보기술, 과학과 사회를 다루는 기업들이 예술과 예술교육에 대한 관심과 투자를 아끼지 않는다는 점에 주목해야 할 필요가 있습니다. 세계에서 가장 큰 우주항공기업인 보잉사의 CEO 짐 맥널니의 다음 이야기가 그 모든 이유를 담고 있다고 해도 과언이 아닐 것입니다.

"예술은 강한 지역사회와 성공적인 회사를 만드는 데 꼭 필요한 요소입니다. 좀 더 효과적으로 소통하고, 다양한 사고를 존중하는 방법을 예술을 통해 배울 수 있습니다. 만약 예술이 없다면 과학, 기술 사업이 언제 내리막길을 걸을지 모릅니다."

조화와 창의의 시대, 예술에서 답을 찾다

예술 안에서 아이를 키워야 하는 것은 단순히 시대의 요청에 부응하기 위한 것만은 아닙니다. 위의 여섯 가지 조건을 갖춘 아이를 가만히 한번 생각해봅시다. 자신의 삶과 관심 분야에 대해 충분한 '스토리'가 있고, 그 '의미'를 아는 아이, 자신의 분야에 대한 '디자인'과 기획이 가능한 아이, 그렇기에 그것을 억지로 해야 하는 일이나 과제가 아니라 '놀이'처럼 여기고 즐겁게 도전하는 아이, 그래서 다른 분야나 다른 사람들과의

'조화'와 '공감'이 어렵지 않은 행복한 아이. 바로 레오나르도 다빈치와 같이 어떤 시대, 어떤 상황에 놓이더라도 즐기면서 살아갈 만한 행복한 인재의 모습을 말입니다. 그것이 어쩌면 바로 우리가 우리 아이들에게 진정으로 바라고 있는 미래의 모습이 아닐까요.

예술이 아이들의 미래 삶에 미치는 영향에 대해 조사한 흥미로운 국내 연구[10]가 있습니다. 유년기에 경험한 문화예술 교육이 성인이 되고 난 뒤 문화예술 참여와 삶의 만족도에 어떤 영향을 미치는지를 조사한 것입니다. 연구 결과를 재구성해 보면, A라는 아이는 어릴 때부터 음악과 그림 등 다양한 예술교육 활동에 참여했습니다. 부모나 친구들과 함께 공연이나 전시를 관람했고, 생활 속에서 예술을 즐기고 예술과 친숙한 가정 분위기에서 자랐습니다. B라는 아이는 유년시절 학교 밖에서는 문화예술 교육을 받은 적이 전혀 없었습니다. 공연장이나 미술관에 가본 경험도 없고, 가정에서도 예술적 경험을 하지 못했습니다. 연구 결과는 A와 B, 두 아이가 자라 30, 40대의 어른이 되었을 때의 모습을 어떻게 보여주고 있을까요.

어른이 된 A는 여전히 공연과 전시를 관람하며 다양한 문화예술 활동을 접하고 있었습니다. 더욱 중요한 것은 자기 삶의 질이 높다고 느끼고 있었고, 삶에 대한 만족도도 매우 높았다는 것입니다.

---

10 〈유년기 문화예술 교육 경험이 문화예술 참여와 삶의 만족도에 미치는 영향〉, 구은자, 2011, 한국산학기술학회 2011년도 준계학술논분십 2부.

그러나 B는 여전히 문화예술과는 거리가 먼 생활을 하고 있었습니다. 어른이 되어 느끼는 삶의 질이나 만족도도 A에 비해 낮았습니다. 어린 시절 경험한 문화예술 활동과 교육이 어른이 되고 난 뒤의 예술 활동에는 물론이고 삶의 질이나 만족도, 즉 인생을 바라보고 살아가는 태도에까지 영향을 미친다는 사실을 말해주고 있는 것입니다. 그런 점에서 자식이 그저 행복했으면 좋겠다고 말하는 부모의 바람은 어쩌면 수많은 학원과 좋은 대학을 보낸다고 해서 이뤄질 수 있는 게 아닐지도 모릅니다. 1960~1970년대의 부모는 고시를 치를 자식을 위해 소를 팔았고, 2000년대의 부모는 아이를 글로벌 인재로 키우기 위해 영어 교육에 힘을 쏟았다면, 이제는 아이의 빛나는 삶을 위해 예술교육에 힘을 쏟아야 할 시대가 우리 앞에 놓여 있습니다.

예술은 아이의 창의력을 이끌어냅니다. 미래사회에 진정 필요한 인재는 '예기치 못한 수많은 도전에 대응할 수 있는 새로운 방법과 해결책을 제시할 수 있는 창의적인 사람'입니다. 창의 시대를 살아가야 할 우리 아이들에게 예술은 밥을 먹고 물을 마시는 것처럼 자연스럽고 당연하며 일상적이어야 합니다. 지금까지 우리들에게 그랬듯이 예술이 멀고 부담스러운 것이어서는 안 됩니다. 아이들이 소통과 창의, 사고와 회복의 힘을 길러주는 예술을 엄마가 차려준 집밥처럼 먹고 자라려면 우리 모두가 함께 예술이 흐르는 가정, 예술이 흐르는 사회를 만들어가야 합니다.

CHAPTER 2

예술은
집밥처럼…

예술 속에서 자라는 어린이는 즐거움을 배운다.
우리는 어렸을 때 놀이를 하며
수많은 사람과 사물들이 되어보았다.
안전한 예술을 통해
우리가 사는 인생을 연습해온 것이다.
버지니아 코스티 (어린이 연극학자)

지구상의 수많은 포유류 중에서도 인간은 가장 미숙한 상태로 태어나 꽤 오랜 시간 엄마의 보살핌을 받아야 합니다. 직립보행을 하게 된 인간의 골반이 작아져 22개월은 품어야 하는 아이를 10개월 만에 낳았기 때문이라는 몇몇 진화학자들의 설명도 있듯이, 사람은 태어난 뒤 1년 가까이는 여전히 자궁 속에서 있는 상태라고도 할 수 있습니다. 아이가 태어나 처음 만나는 세상, 처음 만나는 사람, 처음 느끼고 접하는 모든 것이 가정에서 이루어지는 만큼 아이에게는 가정이 세상의 시작인 자궁이자 세상의 끝인 우주로 느껴질 것입니다.

　그렇다면 이 기간 동안 가정에서는 무슨 일이 일어날까요? 인생에서 가장 창조적인 이 시기의 아이를 엄마는 본능적으로 '예술이 넘치는 가정'에서 키워냅니다. 놀랍게도 사람은 어미가 되는 순간, 자기 안에 숨겨져 있던 모성애와 함께 예술적인 기질이 본능적으로 튀어나옵니다. 아주 오래 전 우리의 어머니, 그 어머니의 어머니로부터 전해져 몸 속 어딘가 깊숙이 감춰져 있던 '예술을 즐기고 향유하는' 놀라운 능력이 비로소 나오게 되는 것입니다.

그래서 세상의 모든 엄마들은 최고의 가수이자 음악 선생님입니다. 아기를 재울 때, 보채는 아기를 달랠 때, 아기에게 말을 가르칠 때, 아기와 춤을 출 때, 엄마들은 학창시절의 음악 성적과는 아무 상관없이, 음치건 박치건 상관없이 수많은 노래를 기억해내 불러줍니다. 심지어는 즉석에서 아기의 이름을 넣어 작사와 작곡까지 뚝딱 해내는 대단한 능력을 지녔습니다. 그뿐 아니라 세상의 모든 엄마들은 뛰어난 연출가이자 배우이기도 합니다. 어디서 배우지도 않았는데 아기와 하루 종일 놀 수 있는 수많은 상황극을 연출해냅니다. 엄마는 또 병원놀이에서 응급 환자가 되기도 하고, 슈퍼마켓이나 미용실의 손님이 되기도 하고, 공룡이나 괴물, 공주나 왕자가 되면서, 그 무엇이든 연기할 수 있는 최고의 배우이기도 합니다.

누구나 알고 있듯이 엄마는 아이와 함께 춤을 추는 최고의 무용수이기도 하고, 아이를 위해 무언가를 그리고 만들어내는 화가이기도 합니다. 쉴 새 없이 아기의 예쁜 모습을 담아내는 사진작가이기도 하고, 아기를 생각하며 육아일기라도 쓸 때면 왠지 눈물부터 나오는 감성 가득한 수필가이자 시인이기도 합니다. 그렇게 엄마는 가장 훌륭한 예술가이며, 가정은 아이와 엄마의 노래와 춤, 그림들로 가득 차서 무언가를 더하거나 채울 필요가 없는, 이미 예술이 충만하게 넘치는 공간입니다.

아이의 예술적 감성, 부모의 관심만큼 자란다

이렇듯 우리 모두의 가정에는 아이가 태어나면서 예술이 가득 차고 넘쳤던 적이 있습니다. 예술을 통해 아이와 함께 소통하며 웃고 즐겼던 경험을 우리 모두가 갖고 있습니다. 가르치는 사람도 없고, 비교하는 사람도 없습니다. 아이의 노래와 그림을 평가하거나 판단하여 혼내는 사람도 없고 그저 "잘한다, 잘한다!"고 아낌없이 손뼉을 쳐주던 지지와 격려만이 있을 뿐입니다. 바로 이것이 예술이 흐르는 가정의 모습입니다.

예술이 충만한 가정 환경을 이야기하면 많은 부모들이 집에서 어떻게 예술교육을 제대로 시킬 수 있겠느냐고 묻습니다. 그러나 아이가 아주 어릴 때, 그 아이를 지켜봐주던 엄마 자신의 모습을 한번 떠올려보십시오. 평가하고 지시하고 판단하는 전문가와 선생님은 집 밖에도 이미 넘치도록 많으므로, 가정에서만큼은 갓난아기 때처럼 곁에서 지켜봐주며 늘 지지해주고 따뜻하게 안아주는 것만으로 충분합니다. 아이는 학교와 학원 등 사회에 발을 내딛는 순간부터 이미 서열과 경쟁, 평가와 판단 속에 내몰리게 됩니다. 자유롭게 즐기고 누리는 것이 가장 우선되어야 할 예술교육도 한국 사회에서는 다른 교육과 별반 다르지 않습니다. 그러다 보니 아이는 자라면서 예술에 대한 꿈은 고사하고 관심과 흥미마저 잃기 쉽습니다. 그래서 예술교육을 외부에 의존하는 게 아니라 가정 안으로, 가족의 관계 속으로 들여와 시작해야 합니다.

어린 시절의 예술적 경험은 성취감과 자존감을 키워주고, 자기 자신을 긍정하고 격려하며 한 인간으로서 성장해 나가는 토대가 됩니다. 세 살 버릇 여든까지 간다고 했듯이, 어릴 때부터 가정에서 자연스럽게 접하는 예술 환경은 나이가 들어서도 삶이 팍팍해지지 않도록 생활을 풍요롭고 윤택하게 만듭니다. 어린 시절부터 가정과 가족 안에서 일상적으로 접하며 공감하고 느끼는 예술 안에 아이는 자연스럽게 젖어들면서 예술적인 감성을 키워나가게 됩니다.

사람에게 가장 중요한 성장 시기인 영유아기의 아이에겐 생존을 위한 생리적 활동과 일상적인 예술 활동, 그 두 가지가 전부였습니다. 그런데 아이가 자랐다고 해서 젖도 끊고 예술도 끊는다면 어떻게 될까요. 사실은 젖을 끊는 게 아니라 아이의 발달단계에 맞춰 이유식과 일반식으로 바꿔나가는 것처럼 예술도 그렇습니다. 아이가 자라면서 언어와 사회성, 지식 등 다양한 것을 배워가는 것처럼 예술 또한 아이가 자라는 동안 나무를 키워내는 햇살과 바람처럼 드러나지는 않지만 없어서도 안 될 중요한 역할을 합니다.

프랑스의 대표적인 사회학자 부르디외^{Bourdieu}는 문화 소비가 사회적 계급에 따라 규정된다고 주장하였습니다. 예를 들어 하층계급의 문화생활은 낮잠을 자는 것같이 여가생활이라고도 말할 수 없는 것이고, 중간계급은 실속 있거나 비용 대비 이익인 문화생활, 그리고 상류계급은 남들과 차별되는 격조 높은 문화 소비로 구분된다는 것입니다. 사회적으로 상류계층의 문화가 마치 모든 문화의 기준인 양 인식되는 것은 경계해야만 합니다. 하지만 부모들이 향유하는 문화예술 생활 패턴이 고스란히 자녀들에게까지 이어져 내려간다는 점을 염두에 둔다면, 평소 자신의 문화예술 생활이 과연 어떤 수준인지 한번쯤 되돌아볼 필요가 있습니다.

프랑스 브리타니 지역의 한 수도원에서는 소들에게 모차르트의 세레나데를 들려주어 더 많은 우유를 생산해내고, 일본 오하라 지역의 양조회사에서도 전통 술을 만드는 데 클래식 음악을 틀어 열 배나 높은 농도의 효모를 키운다고 합니다. 소 한 마리 키우는 데도, 효모 하나 숙성시키는 데도 예술을 활용하는 정성이 보통이 아닙니다. 하물며 자녀를, 사람을 키우는 가정에서의 예술은 더욱 자연스럽고 당연하게 흘러넘쳐야 하지 않을까요. 아이가 아주 어렸을 때 엄마와 아이가 만들어냈던 창의적이고도 행복한 예술적 분위기를 떠올려보며, 아이가 태어나는 순간 가정은 이미 예술로 충만했다는 사실을 기억해야 합니다.

예술에 대한
오 해 와
편   견

아이가 예술 안에서 자라게 하기 위해서는 가장 먼저 예술에 대한 부모의 편견을 깨는 게 중요합니다. 늘 아이에게 밥을 해 먹이고 있으면서도 요리는 요리사만 하는 것이라고 생각하는 것처럼, 이미 예술은 우리 생활과 아주 가까이 있는데도 전문가들만의 몫인 양 멀고 어렵게들 느낍니다. 하지만 아이들이 세상과 소통하는 가장 첫 번째 창구는 바로 부모의 생각 틀입니다. 그 틀의 크기만큼 아이는 세상을 이해하고 바라볼 수 있습니다. 부모가 잘 먹는 음식은 아이도 좋아하게 되고, 부모가 싫어하는 반찬은 아이도 잘 못 먹게 마련입니다. 엄마의 생각과 말 한 마디에 아이들은 사물을 긍정적으로 보기도 하고 부정적으로 보기도 합니다. 그렇기 때문에 예술에 대한 부모의 인식과 오해도 좀 더 자세히 들여다볼 필요가 있습니다.

예술, 고급스러운 거야?
궁색한 거야?

지금 30, 40대의 젊은 부모 세대가 자라면서 다양한 매체를 통해 접하던 예술은 대체로 양극단에 서 있었을 것입니다. 하나는 고급문화로서의 예술입니다. 대기업 사모님들은 미술이나 음악, 무용 전공자들이 대부분이었고, 재벌가에서 터지는 사건 사고에도 어김없이 예술품이 끼어 있었습니다. 예술은 비싸고 고급스럽고 어렵고 또 멀었습니다. 그래서 아이에게 예술교육을 시키려 하면 뭔지 모를 부담감이 먼저 생겼습니다. 예술의 또 다른 면은 배고프고 초라한 모습의 예술입니다. TV나 영화에서 흔히 보게 되는 예술가들은 자존심만 붙든 채 지독히 궁색하게 삽니다. 내 자식이 저렇게 산다면 극구 말리고 싶은 모습일 겁니다. 그러다 보니 아이가 예술교육을 받다가 예술가의 삶을 선택할까 봐 걱정하는 부모도 있을 수밖에 없습니다. 이 두 가지 극단적인 인식에 대해 예술이 정말 그러한가를 묻는다면, 두 가지 모두 맞기도 하고 틀리기도 하다고 말할 수 있습니다.

한스 애빙의 책《왜 예술가는 가난해야 할까》(21세기북스, 2009)에서는 예술에 대한 신화를 밝히고 있습니다. 저자는 아주 오래 전부터 예술을 하는 것이 마치 대단하고 신성한 일을 하는 것처럼 포장

되어 있었다고 말합니다. 그래서 지금까지 수많은 젊은이들이 가난을 감수하며 예술가의 삶으로 뛰어들었고, 부자들은 신성함으로 포장된 예술을 이용하여 자신의 부와 명예를 교묘하게 감춰왔다고 이야기합니다. 그러나 오늘날 우리가 이해하는 예술, 우리 아이들이 누려야 할 예술은 이와는 거리가 멉니다. 이제 예술은 자신을 포장하거나 드러내기 위해 필요한 것이 아니라, 아이의 지극히 평범한 삶 속에서 밥처럼 물처럼 필요한 것입니다. 또한 지금은 예술가들도 신성한 일을 한다는 허상에 매달릴 게 아니라 오히려 스스로를 기획하고 마케팅하고 판매하는 능력까지 요구되는 시대입니다. 그래서 우리가 좇아야 할 예술은 고급과 궁색의 양극단에 서 있는 예술이 아닌, 삶 속에 녹아 있는 일상 그대로의 예술입니다.

예술에 대한
세 가지 오해

아이들에게 예술교육을 시킬 때, 다음 세 가지 오해만큼은 말끔히 없애버리기 바랍니다. 우선 많은 사람들이 예술은 어려운 것이라고 생각합니다. 심지어 체르니 30, 40번까지 피아노를 익혔던 분들도 예술은 어렵다고 잘 모른다고 말하기도 합니다. 그런데 이렇게 예술을 어렵게 여기는 사람들에게 '예술이 무엇이라고 생각하느냐'고 물어보면 한 가지 공통점을 찾을 수 있습니다. 음악은 오페라나 클래식, 미술은 르네상스나 인상파와 같은 사조 등, 교과서에서 배워왔던 서양식 전통 예술만 예술이라 여기고 있는 경우가 많다는 점입니다. 하지만 예술은 교과서에서 배운 것만이 다가 아닙니다. 사랑하는 이를 위해 시를 써봤고 좋아하는 팝송을 외워 노래를 불러봤고 감동적인 영화 한 편에 눈물을 흘려보았다면, 그것만으로도 우리는 예술 속에 살고 있었다고 자신 있게 말할 수 있습니다.

아이의 예술 근육을 키운다는 점에서는 좀 더 클래식한 예술 경험이 도움이 되는 게 사실입니다. 그러나 기본적으로 예술은 쉽고 가깝게 우리의 삶 속에 늘 함께하는 것이라는 사실을 어른들부터 이해해야 합니다. 그래서 아이가 예술을 어렵게 느낄 때, 네가 그린 그림 한 장, 네가 부른 노래 한 소절, 그리고 너의 몸짓 하나… 그 모두가 세상에서 단 하나밖에 없는 예술(예술 작품)이라고 이야기해 주어야 합니다.

다음으로, 예술은 전문가가 가르쳐야 하는 것이 아니냐는 오해입니다. 예술교육만큼은 전문가의 개입이 필요하고, 부모보다 더 잘하는 사람에게 맡겨야 한다고 생각하는 사람이 많습니다. 그러나 아무리 부모에게 예술적 소질이 없다 하더라도 3세 미만의 어린아이보다는 춤도 노래도 그림도 잘할 수밖에 없습니다. (다행히도 신이 그렇게 만들어놓았지요!) 아이가 3세 이상이라 하더라도 우리가 아이에게 가르쳐줄 것은 예술 기법뿐 아니라 감상하는 자세나 창의적인 생각 등 너무나도 다양한 것들이 있습니다. 그 이후에도 아이가 적극적으로 예술적 감수성과 기법을 배우고 싶어 한다면 전문가의 도움은 그때 가서 받아도 결코 늦지 않습니다.

　마지막으로 예술은 돈이 많이 든다는 오해입니다. 이런 경제적인 거리와 마음의 거리가 함께 공존하면서 예술을 더욱 멀게 느끼는 것 같습니다. 그러나 예술에 돈을 쓰는 것은 굳이 비유를 하자면 '주말의 명화'를 보는 것과 영화관에서 개봉한 영화를 보는 것의 차이로 볼 수 있을 것입니다. 모든 영화를 영화관에 가서 보면 더 큰 감동이 있겠지만 경제적으로 부담스럽기도 합니다. 때로는 편안한 집에서 온 가족이 둘러앉아 치킨 한 마리와 함께하는 '주말의 명화'가 훨씬 더 감동적일 수 있습니다. 아이와 함께 미술관을 찾아가면 더 좋겠지만, 집에서 그린 엄마와 아이의 작품만으로도 훌륭한 전시회가 됩니다. 클래식 연주회도 좋겠지만 가족이 함께 노래하고 춤추는 것만으로도 환상적인 음악회가 될 수 있습니다. 또 대단한 악기나 비싼 재료를 쓰지 않더라도 냄비뚜껑과 밀가루찰흙만 있으면 아이들은 세상에서 가장 멋진 예술가가 되기도 합니다. '주말의 명화'를 즐기는 사람이 극장의 영화 관람을 가치 있게 여기는 것처럼, 생활 속 예술을 즐기며 자란 아이는 문화와 예술에 대한 더 큰 이해와 포용을 하게 됩니다.

예술에서의
시각 절벽

　　　　　아이를 데리고 미술관이나 공연장에 온 부모들을 보면 아이를 신경 쓰느라 자신의 감동과 재미를 놓치는 경우를 흔히 볼 수 있습니다. 아이의 안전이나 동선을 신경 쓰는 것은 당연한 일이겠지만, "너, 왜 그림 안 보니?"라든가 "여기서 뭐 느끼는 거 없니?" "똑바로 앉아서 봐!"라는 식으로 계속 부정적인 강요나 채근만 하게 되면 아이는 예술 감상이 마치 억지로 해야 하는 숙제처럼 피곤하고 힘들게 여겨질 수 있습니다.

교육심리학에는 '시각 절벽visual cliff'이라는 유명한 실험이 자주 인용됩니다. 이 실험은 바닥을 파서 유리를 얹은 뒤 절벽 같아 보이는 유리 위를 아기에게 엄마의 표정만으로 건너가게 하는 것입니다. 먼저 엄마가 끊임없이 웃어주고 즐거운 모습을 보여준 아기들은 잠시 머뭇거리다가도 쉽게 시각 절벽을 건너갑니다. 그런데 엄마가 부정적인 신호를 주고 무서운 표정을 보여준 아기들은 끝까지 시각 절벽을 건너가지 못합니다. 결국 경험이 부족한 아이들에게는 백 마디의 말보다도 부모의 표정이나 행동이 더 큰 신호가 된다는 것입니다. 아이들은 그 신호에 따라 지금 하는 일이 안전한지 아닌지, 즐거운 일인지 아닌지, 따라해야 할지 말지를 결정하게 됩니다.

일상생활에서 예술 감상을 가까이하고 즐거워하는 부모의 표정은 '예술이란 정말 즐겁고 좋은 거야!'라는 백 마디의 말보다 강력하게 작용합니다. 그래서 집에서 음악을 듣거나 공연장이나 미술관을 찾았을 때, 왜 잘 감상하지 않느냐고 아이에게 강요하거나 윽박지르는 것은 별 효과가 없을 수도 있습니다. 오히려 아이가 보는

지 안 보는지를 체크하는 것보다 더 효과적이고 중요한 것은 바로 부모 스스로가 감동과 재미를 찾는 것입니다. 아이는 이런 부모의 모습을 낯설어하고 때로는 떼를 쓸 수도 있겠지만 사실은 부모의 표정을 통해 금방 눈치 채게 됩니다. '엄마, 아빠의 얼굴을 보니 여기 뭔가 재미있고 특별한 게 있는 것이 틀림없어!'라고 말입니다.

　지금까지의 예술에 대한 어른들의 생각과 경험이 어떠했든지 간에 우리 아이들만큼은 예술이 어려운 것, 나와 상관없는 것, 돈이 많이 드는 것이 아니라 신나고 재미있는 놀이처럼, 우리가 숨 쉬는 공기와 늘 먹는 밥처럼 생활 속에서 늘 가까이 즐기고 함께하는 것이어야 합니다. 그러기 위해서는 아이보다 부모가 먼저 예술을 즐기고 함께하는 모습을 보여줘야 합니다. 텔레비전 시청을 조금 줄이는 대신 좋아하는 음악을 틀어놓는다든가, 솜씨가 없어도 집에서 쓸 물건을 직접 꾸미고 만들어보는 그런 모습 말입니다. 우리 자신부터 기억 속에 잠들어 있는 소년소녀의 예술 감성을 깨워 불러내보면 어떨까요. 부모부터 스스럼없이 행복하게 즐길 수 있는 예술이어야 아이 또한 망설임 없이 성큼 다가설 수 있습니다.

우리는 왜 데이트할 때나 여유가 생겼을 때 영화나 뮤지컬을 보러 갈까요? 중세시대 유럽의 귀족들은 왜 화가나 음악가를 지원해주며 그림을 그리고 연주를 하게 했을까요? 또 우리 선조들은 왜 음악과 그림으로 풍류를 즐겼을까요? 이런 질문들에 누구나 쉽게 답할 수 있을 것입니다. 예술을 통해 즐거움과 감동을 얻기 위해서였겠지요. 그런데 예술과 예술교육이 어린이와 청소년을 대상으로 전문화되기 시작하면서 어른들을 대상으로 하는 예술에서는 찾아보기 어려운 목적들이 생겨나기 시작하였습니다. 좋은 목적을 추구하다 보면 정성이 따르게 마련이기 때문에 보다 양질의 예술을 아이들에게 제공할 수 있게 되는 좋은 동기가 되기도 합니다. 하지만 그 목적에 욕심이 끼어들게 되면 더 이상 정성이 아닌 극성이 되어버리고 맙니다. 예술교육에서 한 번쯤은 생각해봐야 할 우리 어른들의 욕심은 어떤 것들이 있을까요?

당신이 못다 이룬 꿈, 아이를 통해 꾸는가

가장 먼저 자녀를 예술 활동이나 예술교육에 참여시키는 부모의 동기를 점검해볼까요? 많은 부모들이 아이의 정서와 감성 발달을 위한 순수한 동기로 예술 활동을 지원하지만, 일부 부모들의 경우에는 대리 만족이나 보상 심리가 작용하기도 합니다. 예술 분야나 악기를 선택할 때도 아이의 흥미를 떠나 엄마가 어린 시절부터 꼭 해보고 싶었으나 형편상 할 수 없었던 것을 시키기도 하고, 또 이만큼의 돈과 시간을 투자했으니 반드시 내 아이는 대회에서 좋은 성적을 받아야 한다는 강박을 갖기도 합니다. 예술강사들 가운데서도 간혹 아이가 수상을 하는 것에만 집착한다든가, 자신이 못다 이룬 성공을 시키겠다는 동기를 갖고 교육을 하는 경우도 있습니다. 그러나 아이를 나의 분신으로 여기고 대리만족이나 보상을 얻으려는 심리는 자녀교육에서 크게 경계해야 할 점이라고 전문가들은 이야기합니다. 이 같은 어른들의 심리는 있는 그대로를 즐기고 표현하는 예술의 심미적 목적과 활동을 방해할 뿐만 아니라 부모와 강사, 그리고 우리 아이들에게 스트레스가 될 수도 있습니다. 또 과정 자체보다는 결과와 목적에만 치우치게 되다 보니 예술에 대한 아이의 흥미를 떨어뜨려 중간에 포기하게 되는 경우도 많습니다. 다른 어느 분야보다도 예술에서만큼은 그 주체가 부모도 교사도 아닌 '아이'여야 한다는 점을 꼭 기억해야 합니다. 어른들의 왜곡된 동기나 욕심이 아이와 예술, 그 순수한 관계에 끼어들지 않도록 늘 경계해야 합니다.

예술 감상의 목적, 교육 vs 즐거움?

다음으로 생각해봐야 할 점은 아이들과 함께하는 예술 감상의 목적이 무엇이냐에 관한 것입니다. 제가 논문[11] 준비를 하면서 어린이 공연을 관람할 때 부모와 아이의 관람 목적을 묻는 설문 조사를 진행한 적이 있습니다. 결과부터 이야기하자면 부모는 교육과 교훈적인 목적을 선호한 반면 아이는

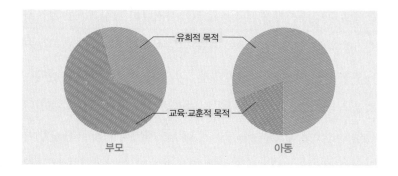

유희적 목적

교육·교훈적 목적

부모   아동

---

11 〈어린이공연에서 구매자와 사용자의 선호요소 차이에 관한 연구〉, 김태희, 고정민, 2014, 예술경영연구.

단순히 즐거움을 위한 유희적 목적을 선호하는 비율이 압도적으로 높게 나타났습니다.

문화예술 활동을 하면서도 무엇인가를 배우고 얻기를 바라는 부모와는 달리 아이들은 그저 재미있고 즐겁기를 바랍니다. 문화예술 본연의 유희를 원하고 있는 것이지요. 이와 같은 차이는 때때로 문화예술 현장에서 부모와 자녀 사이에 갈등을 불러일으키기도 합니다. 유명한 화가의 전시회에서 설렁설렁 지나치며 대충 관람하는 아이에게 왜 제대로 집중해서 보지 않느냐고 화내는 부모도 있고, 공연이 끝나고 난 뒤 뭔가 배운 게 없느냐고 다그치는 부모도 있습니다.

그러나 모든 공연이나 전시가 교육적인 주제만 다룰 수도 없는 것이고, 애초에 교육 목적보다 즐거움을 주기 위해 기획되는 작품들도 있습니다. 또, 해외 어린이 공연의 경우에는 우수하고 유명한 공연일수록 표면에 드러나는 교육적 목적보다 감성적이고 창조적인 '경험'에 집중하는 경우가 많습니다. 아이들이라고 해서 무조건 배우는 게 있어야 하고, 엄마에게 그 느낌을 말로 설명해야 한다는 것은 무리가 있습니다. 어른들도 유명한 연주자의 공연을 보거나 대형 뮤지컬을 보았을 때, 그리고 위대한 화가의 명작을 관람할 때 무엇을 배우고 느꼈는지 도저히 말로 표현할 수 없는 감정의 울림을 경험하는 것처럼 아이들도 때로는 그들의 짧은 언어로 표현할 수 없는 감동과 울림을 경험하기 때문입니다.

그래서 아이와 함께 예술 활동을 할 때 아이가 반드시 무엇인가를 배워야 한다는 욕심은 조금 내려놓기를 바랍니다. 시간과 비용을 들인 부모의 입장에서는 '뭘 느꼈니?', '어떤 것을 배웠니?'라고 끊임없이 질문하고 싶겠지만, 아이의 느낌(감동) 속에 엄마의 질문을 묻어두는 여유와 기다림이 필요합니다. 그런 다그침이 많으면 많을수록 아이는 예술 활동을 또 다른 학원에 가는 것처럼 부담스럽고 피곤한 것으로 여길 수도 있을 테니까요. 아이가 스스로 신나서 공연이나 전시에 대해 이야기한다면 최선을 다해 귀 기울여 들어주어야 하겠지만, 아이가 관람 후에도 별다른 이야기를 하지 않는다면 "참, 재밌었네! 다음에 또 보러 오자!"라는 정도로 마무리하는 것이 좋습니다. 언어로 표현되지 않아도 예술적 경험을 통한 행복과 감동이 조금은 아이의 마음에 새겨졌을 것이라는 믿음이 필요합니다.

다시 한 번 이야기하자면, 아이들에게 어른들이 원하는 수준의 동기와 목적, 관람 태도와 관람평을 기대하지 않아야 합니다. 어른들의 욕심과는 다르게 예술을 통해 우리 아이들은 그저 즐겁고 행복하기를 바란다는 걸 지지해줄 필요가 있습니다. 삶의 무게와 스트레스로 힘들어질 때 예술을 통해 일상의 굴레를 벗어나 자신만의 행복을 찾을 수 있는 멋진 문화인의 모습은 그렇게 지지받고 자란 아이만이 실현할 수 있는 미래일 것입니다.

두 아들의 엄마인 한 지인은 아이들이 무척 예쁘기는 하지만 에너
지 넘치는 남자아이들과 어떻게 놀아줘야 할지를 몰라 어려움을
겪었다고 합니다. 이런 장난감 저런 교재를 다 써봐도 불편하고 부
담스럽기만 했던 엄마는 결국 시쳇말로 정신줄을 아예 내려놓기로
마음을 먹고는 잠시나마 다섯 살 남자아이가 된 것처럼 아들들과
같이 뒹굴며 놀아보았답니다. 몸이 힘들어 긴 시간을 그럴 수는 없
었지만 엄마도 아이도 진정으로 즐거운 시간을 보냈다고 합니다.
그 이야기를 들으며 아이와 함께하는 진짜 즐거움을 얻으려면 가
끔은 나이를 잊고 동심으로 즐길 필요가 있다는 생각을 해보았습
니다.

아이가 살아갈 평생의 예술 소비 패턴을 결정짓는 것은 부모의 학력이나 경제력이 아닌, 어린 시절 부모와 함께한 문화예술 경험에 있다는 연구 결과들이 속속 나오고 있습니다. 예술 참여 활동을 온 가족이 함께한다는 것은, 부모에겐 메마르지 않는 정서를 일깨워주고 아이에게는 더 큰 즐거움과 행복한 기억을 선사한다는 점에서 매우 중요하고 가치 있습니다. 그러므로 지금까지 아이에게만 예술을 가르치고 부모는 그저 아이의 작품이나 연주를 구경만 했다면, 이제부터라도 가족 모두가 함께 예술 활동에 참여하는 방식으로 조금씩 바꿔보면 좋겠습니다. 사랑하는 사람들이 함께 모여서 머리를 맞대는 창조적 시간이 얼마나 가치 있고 소중한지를 가정에서부터 먼저 알려주는 것입니다.

가족이 함께하는 예술 참여 교육

예술의 나라 프랑스에서는 아이를 키우는 모든 환경 깊숙이에 예술이 스며들어 있습니다. 프랑스의 보육시설에서는 수업의 80%가 미술과 연관되어 있다고 합니다. 언어도 셈도 음악도 사회성도 미술과 통합하여 교육합니다. 이런 교육 문화는 가정에서부터 시작되었다고도 볼 수 있습니다. 집에서는 아이도 부모도 자신만의 공간을 가지고 직접 꾸미거나 자기가 좋아하는 그림을 붙이는 등 각자의 개성과 자유를 서로 존중해줍니다. 또, 부모와 자식 간에 그림을 그리거나 시를 써서 서로 선물하는 문화도 있습니다. 프랑스 부모들이 한국 부모들보다 조금 더 극성인 점이 있다면 대화를 많이 한다는 것입니다. 예술 수업을 받거나 미술관에 가는 것도 열심이지만, 그 이후에는 꼭 눈높이에 맞춘 평등한 대화와 토론을 통해 각자가 받은 감동이나 깨달음을 온전히 자기 것으로 만드는 시간을 갖는 것입니다. 예술을 즐기는 데는 어른과 아이가 따로 없는 모습입니다.

프랑스에서는 예술교육 정책도 온 가족이 함께하는 예술 참여 교육을 중심에 두고 있습니다. 가족이 함께하는 예술을 통해 국민들이 더 나은 인생을 살도록 한다는 것입니다. 그래서 아이뿐만 아니라 가족 모두의 행복을 높이기 위해 부모와 아이가 함께하는 예술교육 프로그램을 지역 곳곳에서 운영하고 있습니다.

우리나라에서는 한국문화예술교육진흥원에서 2012년부터 주5일제의 시행에 맞춰 진행하고 있는 '가족이 함께하는 예술교육 프로그램', '꿈다락토요문화학교'가 눈여겨볼 만합니다. 그 가운데 해를 거듭할수록 눈에 띄게 좋은 호응을 얻고 있는 것이 '가족 오케스트라&합창'이라는 프로그램입니다. 부천에서는 '놀라운 패밀리', 성남에서는 '어울리오', 강릉에서는 '꽃송아리' 등 전국에서 각각 다른 이름으로 진행되는데, '가족 오케스트라&합창' 프로그램은 저렴한 금액으로 온 가족이 악기를 하나씩 배워 함께 연습하고 무대에 설 수 있는 기회를 제공한다는 점에서 큰 인기를 얻고 있습니다. 부천에서 '놀라운 패밀리' 프로그램에 참여하고 있는 한

꿈다락토요문화학교 가족오케스트라&합창.
문화체육관광부에서 2012년부터 진행 중인
문화예술 체험 교육 프로그램.

가족은 바쁜 일상 중에 가족이 함께할 시간이 많지 않은데, 매주 토
요일에 온 가족이 함께 모여 같은 곡을 연주하고 맞춰보는 것만으
로도 더욱 돈독해지는 것을 느낄 수 있다고 이야기합니다. 아이들
은 가족과 함께하는 그 공간, 그 시간 속에서 감동과 감성, 추억을
쌓아갈 것입니다.

　결국, 예술은 어른들부터 먼저 감상하고, 즐기고, 행복해할 때
가장 자연스럽게 아이들의 삶으로 스며들 수 있습니다. 아이에게
책 읽으라고 잔소리하는 것보다 책 읽는 모습을 보여주는 것이 더

효과적인 것처럼, 부모가 예술에 대한 긍정적인 인식과 태도를 가지고 자신이 좋아하는 장르의 예술을 집에서부터 즐길 줄 안다면 가장 훌륭한 예술교육이 되는 것입니다. 또, 프랑스 사람들처럼 예술은 아이든 어른이든 누구에게나 필요할 뿐 아니라 가족이 함께하는 예술 활동이 가족의 행복을 높여준다는 인식이 우리에게도 필요합니다.

아버지의 역할이 중요한 시대, 예술 공간에서의 아버지

함께하는 가족 예술 활동에서 아버지의 역할을 빼놓을 수 없습니다. 〈중앙일보〉에서 빅데이터로 분석한 자료에 따르면, 아이들이 아빠를 생각할 때 가장 먼저 떠오르는 연관어 1위가 바로 '멋지다'였다고 합니다. 아이들은 엄마와 아빠로부터 전혀 다른 에너지와 영향을 받고 자랍니다. 엄마에게서는 안정감이나 사랑과 같은 감성적 영향을, 아빠에게서는 적극성이나 자기 통제와 같은 사회적 영향을 받습니다. 그래서 사회성이 부족한 아이들에 대해 아동학자들은 아빠의 책임이 크다고 이야기합니다. 엄마와 한몸이었던 아기가 만나는 첫 번째 타인, 즉 처음 만나는 세상이 바로 아빠입니다. 아빠가 호의적인가 무신경한가, 혹은 유쾌한가 신경질적인가에 따라 아이가 세상에 대해 갖게 되는 감정도 크게 달라진다는 것입니다.

문화예술 활동에서도 아빠의 '멋'이 필요합니다. 공연장에서 배우의 연기에 집중하고 박수치며 휘파람 불어주는 아빠를 보면서, 아이들은 문화예술을 즐길 줄 아는 멋을 배우게 됩니다. 예전에 〈뽀로로〉 뮤지컬을 진행했던 적이 있는데, 공연 후반부에 관객과 함께 하는 '얼음나라 운동회' 이벤트가 있었습니다. 뒤에서 공을 던져주면 앞으로 전달하여 골대에 넣는 경기였지요. 수백 개의 공을 빨리 던져주는 게 관건인 만큼 맨 뒷좌석에 앉아 있는 관객 중 몇몇 아빠들에게 공을 던져줄 것을 부탁하게 되었습니다. 그중 한 아빠가 부탁을 받고는 일어나 공을 던져주기 시작했습니다. 천여 명의 관객들이 함께하는 경기가 재미있었던지 그 아빠는 갈수록 힘차게 공을 던져주었습니다. 아이는 그런 아빠의 모습에 폴짝폴짝 뛰면서 "우리 아빠 때문에 경기를 이겼다!"며 무척이나 즐거워하였습니다. 공연 초반에는 맨 뒷자리여서 그런지 풀이 죽은 모습이었는데, 공연이 끝날 무렵에는 그 어떤 아이보다 적극적으로 율동하고 즐기던 모습을 흐뭇하게 바라봤던 기억이 납니다. 아빠는 아이에게 이렇듯 멋진 존재이고, 그 멋은 예술이 미처 채워주지 못하는 부분에까지 아이에게 긍정적인 영향을 주게 됩니다.

하지만 아빠들에게는 문화예술 공간이 여전히 낯설고 어려운 경우가 많습니다. 주말이나 공휴일에 억지로 가족 손에 이끌려 오긴 했지만 극장 구석에서 코까지 골며 자는 아빠도 있고, 전시·체험장에서 스마트폰만 들여다보는 아빠도 있습니다. 이렇게 아빠들이 가족의 문화생활을 불편해하는 것은 바쁘고 피곤하다는 것 외에 또 다른 이유가 있다고 합니다. 바로 남자와 여자가 갖는 근본적인 성향의 차이 때문입니다. 여성은 공연을 볼 때 스토리에 쉽게 감정을 이입하고 공감하며 감동하는 데 반해, 남성은 가만히 앉아서 한 시간을 버텨내는 것 자체가 힘겨운 도전이 되기도 합니다. 남성들이 공연의 중요한 장면에서 울고 있는 여성 관객들을 멀뚱멀뚱 쳐다본다거나 미술관에서 작품 대신 액자를 걸어놓은 와이어 구조를 더 열심히 쳐다보는 것도 자연스러운 현상일 뿐입니다.

이 같은 차이는 성인 공연보다 어린이 공연에서 더욱 크게 드러납니다. 엄마들을 보면 아무리 유치한 어린이 공연이라 하더라도 아이의 눈높이에서 같이 손뼉 치고 율동하며 그 시간을 즐기려 합니다. 그러나 공감이 부족한 아빠들은 꿔다놓은 보릿자루처럼 지루해하고 아이들과 함께 율동이라도 해야 하는 상황이 오면 당혹감을 감추지 못합니다. 하지만 아무리 남자의 특성 때문이라 해도 아빠가 된 이상 노력해야만 합니다. 어린아이에게 이런 남자의 특성을 이해하라고 말할 수는 없습니다. 무엇보다 아이와 함께하는 예술 활동은 양보다 질이 중요합니다. 하품하면서 보는 10편의 공연이나 전시회보다, 단 한 번의 공연이나 전시, 체험이라도 아이의 눈높이에서 같이 즐기고 웃어주는 것이 아이에게 훨씬 긍정적인 영향을 줄 수 있습니다.

아이의 발달 시기마다 부모와 함께하는 활동이 꼭 필요한 순간들이 있습니다. 그것은 두세 번 오지도 않고, 시간을 되돌릴 수도 없는 불가항력적인 순간입니다. 피곤하다고, 귀찮다고, 창피하다고 '나중에, 다음에…' 하며 미루다 보면, 어느새 아이가 부모와 함께 무엇인가를 하거나 나가는 것을 창피해하고 귀찮아하는 나이가 되어 있을지도 모릅니다. 내 아이의 예술적 황금기를 핑계 삼아 우리 어른들도 아이와 함께 예술의 매력에 흠뻑 빠져보면 좋겠습니다.

예술 활동의 중심은 언제나 아이가 되어야

우리 속담에 학자 집안에서 학자 나고 도둑 집안에서 도둑 난다는 말이 있습니다. 그만큼 아이가 보고 자라는 가정환경과 분위기가 그 무엇보다도 중요하다는 말입니다. 아이에게 좋은 독서 습관을 길러주기 위해 거실을 서재처럼 꾸미고 온 가족이 책을 읽는 분위기를 만드는 가정이 늘어나고 있는 것도 그런 맥락일 것입니다. 그렇다면 아이에게 생활 속에서 예술을 즐기는 습관을 길러주려면 가정환경과 분위기는 어떻게 가꿔야 하는 것일까요. 예술적인 가정환경이라고 하면 왠지 부담스러운 모습을 떠올릴지도 모르겠지만, 예술적 창의력이 살아 숨 쉬는 분위기는 아이의 예술 활동에 대한 지지와 존중만으로 충분합니다.

개입은 최소화,
동참과 지지는 최대화

가족이 함께 예술 활동에 참여하기로 마음먹었다면 꼭 기억해야 할 것이 있습니다. 아이가 어느 정도 자라기 전까지는 예술 활동의 주체가 아이가 되어야 한다는 것입니다. EBS 다큐 프로그램인 〈세계의 교육현장〉에서 프랑스 편을 보면, 부모와 아이가 함께 그림을 그리고 놀이를 하는 '104센터'가 소개됩니다. 그곳에서 한 아이의 아버지가 담당 교사에게 불려가 지적받고 상담까지 받는 장면이 매우 인상적이었습니다. 물고기를 그리던 아이가 자신의 그림을 마음에 안 들어 하자 아빠가 나서서 아이 대신 물고기를 그려주었기 때문에 교사의 지적과 상담을 받게 된 것입니다.

프랑스의 예술교육은 철저하게 아이 중심입니다. 왜 그렇게 그렸는지, 무슨 생각을 갖고 그렸는지 아이의 의도가 모든 것의 기준이 됩니다. 아이가 무엇이든 만들 수 있고 무엇이든 연주할 수 있게 해줍니다. 아이가 꽃을 그려놓고 '공룡'이라고 이름을 붙이면 그건 공룡이 되고, 아이가 어떤 음을 연주하고 '슬픔'이라고 하면 슬픔이 됩니다. 아이들이 마음껏 상상력과 창의력을 발휘할 수 있게 개입을 최소화하는 것입니다.

가정에서 예술로 놀이를 할 때도 아이에게 주도권을 주는 것이 중요합니다. "이렇게 해봐."라고 하기보다는 "어떻게 할 거야?" "엄마가 해줄게."라고 하기보다는 "엄마는 뭘 해주면 좋을까?"라고 아이에게 작업의 주도권을 맡기는 것입니다. 물론 아이는 어른보다 조작 능력이 떨어지기도 하고 느리기도 합니다. 그러나 답답한 마음에 빼앗아 아이 대신 해주거나 아이 혼자 알아서 하라고 방치해버린다면 아이는 자신감과 흥미를 잃어버리기 쉽습니다. "엄마, 풀로 붙이는 건 내가 할 테니 이 모양 좀 잘라주세요."라든가 "내가 춤을 출 테니 엄마가 이 곡 한 번만 더 불러주세요."라고 아이가 지시하는 활동에 기쁘게 동참해주어야 합니다. 예술 활동을 할 때만큼은 부모가 아이의 조수가 되었다라고 생각해야 합니다.

집 안의 모든 것이
훌륭한 예술 재료   또 한 가지 염두에 두어야 할 것은
아이의 감각적 탐색과 경험을 존중하는 것입니다. 인지 이론에 따르면, 아이는 탐색과 경험을 통해 몸과 감각이 익힌 만큼 그리고 표현할 수 있다고 합니다. 기린을 봐야만 기린을 그릴 수 있고, 원숭이를 봐야만 원숭이를 흉내낼 수 있습니다. 다양한 노래를 듣고 불러봐야만 합창과 같은 화음도 맞출 수 있고, 여러 가지 템포를 느껴봐야만 악보에 있는 안단테andante가 어느 정도 속도의 '느리게'인지 이해하고 연주할 수 있는 것입니다.

그렇기 때문에 아이에게 감각적인 경험을 허용해주는 것이 중요합니다. 집 안의 모든 것이 아이에게는 예술 도구가 될 수 있습니다. 무조건 "만지지 마, 하지 마!"라고 제지하기보다는 안전한 선에

서 아이의 다양한 욕구와 호기심을 충족시켜주어야 합니다. 두뇌도 다양한 자극을 주어야 골고루 발달합니다. 크레파스도 어리다고 해서 12색만 사줄 것이 아니라 오히려 어릴수록 60색, 120색을 접해보는 것이 뇌가 발달하는 데 더 큰 도움이 됩니다. 악기의 경우도 아이가 연주를 잘하게 된 뒤에야 좋은 악기를 사줄 게 아니라 악기를 처음 배울 때부터 제대로 된 좋은 악기로 시작하는 것이 음악적 감수성 발달에 효과적입니다. 또한 어릴수록 탬버린, 하모니카, 실로폰 등 저렴하면서도 다양한 악기를 접해보는 것이 청각 자극에 도움이 됩니다. 아이는 지금 자신의 전 인생에 있어 가장 창조적이고 예술적인 삶을 사는, 다시는 돌아오지 않을 유일한 시기를 지나고 있음을 기억해야 합니다. 오늘도 예술로 놀이하고, 예술로 자라며, 예술로 꿈꾸는 우리 아이들을 안전하게 도와주고 지지해주는 것이 바로 가정의 역할입니다.

가정에서 아이에게 예술적인 환경을 만들어주는 또 다른 방법으로는, 아이의 방과는 별개로 아이만이 사용할 수 있는 아틀리에(예술작업실)를 만들어주는 것입니다. 아이들이 자기만의 좁은 공간을 찾는 것은 자궁을 기억하는 본능이라고 합니다. 예술가들도 아이와 같은 상상력과 창의력이 필요하기 때문에 예술가들의 아틀리에는 아이들이 좋아하는 공간과 닮아 있는 경우가 많습니다. 그래서 아이에게 자기만의 아틀리에를 만들어주는 것은 특별한 경험과 감성을 심어주는 데 도움이 됩니다. 베란다 한 구석이나 창고, 다락

방이어도 좋고, 그런 공간이 없다면 거실이나 방 한쪽 면에 커튼이
나 책장으로 분리된 공간을 만들어줍니다. 이렇게 아틀리에 공간
을 지정하였다면 아이가 원하는 대로 마음껏 배치하고 구성하고
붙이고 꾸미도록 자유를 주는 것이 중요합니다.

　여기서 한 가지 기억할 것은, 아이의 독서 습관을 위해 책의 표
지가 보이는 전면 책장을 두는 것처럼 아이의 창의력을 위해 미술
재료와 악기, 악보와 같은 도구들도 눈에 띄고 손쉽게 닿을 만한 곳
에 놓아두어야 한다는 점입니다. 작은 악기를 배우고 있거나 연주
하기를 좋아하는 아이라면 아틀리에의 한쪽에 보면대(악보 놓는 대)
를 설치해주어 언제든 편하게 연습할 수 있도록 해주고, 또 선반이
나 책장에 미술 재료 바구니를 놓아두어 아이가 언제든 편하게 사
용하고 스스로 치울 수 있게 합니다. 선반이나 책장의 상단에는 아
이의 작품 중 아이가 좋아하는 그림들을 제목과 날짜별로 분류해
스크랩북을 만들어 꽂아두고, 선반의 남는 공간에는 아이가 찰흙이
나 종이접기 등으로 만든 조형물을 함께 전시하거나 천장에 매달아
예술 도구와 작품이 공존하는 공간으로 만들어도 좋을 것입니다.

　아틀리에는 집의 규모와 상관없이 아이가 어리면 어릴수록 작
게 만들어주는 것이 아이에게 더 큰 안정감과 편안함을 줍니다. 이
렇게 작은 창작 공간을 지정해주면 아이는 자기 공간에 대한 애착
과 책임감을 배우게 되고 정서적 안정과 함께 창의력도 키울 수 있
게 됩니다.

가정에서 아이들이 자신의 작품을 가지고 주인공이 될 수 있는 기회를 가져보는 것도 특별한 경험이 될 수 있습니다. 바로 집 안의 한 공간을 작은 공연장과 전시장으로 꾸며보는 것입니다. 이런 활동은 공연장과 전시장의 환경을 간접적으로나마 경험할 수 있다는 점에서 예술 감상 교육에도 도움이 되고, 또 자신의 작품을 다른 사람에게 선보이는 무대를 마련한다는 점에서 예술 참여 교육에도 좋은 효과를 얻을 수 있습니다.

우선 아이가 직접 무대에 서는 동요 부르기나 악기 연주회를 준비해서 많은 가족이 모이는 명절이나 특별한 기념일에 작은 음악회를 가져보는 것입니다. 아이와 함께 대본을 쓰거나 동화책을 대본 삼아 형제끼리 혹은 가족이 다함께 작은 연극을 공연해보는 것도 좋습니다. 이때는 연주회나 공연을 위해 아이와 함께 옷도 직접 고르고 무대도 꾸며보고 분장도 해보고, 또 작은 공연 포스터와 초청장도 그려서 지인들에게 나눠주는 것입니다. 그러면 아이는 공연을 준비하는 전 과정을 온몸으로 배우면서 의미 있는 추억을 간직할 수 있을 것입니다.

또, 집 안을 작은 미술관으로 꾸며보는 것도 좋습니다. 한 달에 한 번씩 아이가 그린 그림 중 좋은 그림을 모아 한쪽 벽에다 작은 전시회를 여는 것입니다. 이때는 아이가 직접 그림의 제목도 짓게 하고, 또 가족들에게 그림에 대한 설명도 해보두록 해서 작가와 큐

레이터의 두 가지 역할을 모두 경험할 수 있게 합니다. 만약 미술관에 갈 예정이라면, 보러 가게 될 작가(고갱이나 고흐, 모네 등)의 그림을 미리 인터넷에서 찾아 프린트하거나 그림 카드를 벽에 걸어놓고 감상한 뒤 덧칠해보는 활동을 해보는 것도 좋습니다. 처음 미술관에 가기 전에 이렇게 그림을 쭉 걸어놓은 전시장 환경과 미술관에서 감상할 그림을 집에서 미리 접해본다면 아이는 좀 더 친숙하고 편안한 마음으로 전시를 관람할 수 있습니다. 또, 한 작품이 어떠한 과정을 거쳐 어떻게 전시되는지 그 과정을 이해하게 됨으로써 작품의 소중함과 가치도 깨달을 수 있을 것입니다.

예 술 로
소 통 하 고
관 계 맺 기

최근 가정에서 일어나는 대부분의 문제는 '소통'에 관한 것입니다. 급속도로 발달하는 디지털 기술은 분명 사회관계망 서비스SNS와 같이 소통을 기반으로 하는 듯 보이는데, 이상하게 부부간이나 부모와 자식 간에 생기는 불통의 골은 오히려 갈수록 깊어지고 있습니다.

　현재 유아기부터 청소년기의 자녀를 둔 부모 세대들의 대부분은 워크맨에서 MP3플레이어까지 다양한 기기를 통해 음악을 들었고, PC통신에서 스마트폰에 이르기까지 마치 살아 있는 화석처럼 아날로그와 디지털을 모두 경험하는 유일한 세대입니다. 그렇다 보니 자녀가 디지털 시대에 맞는 유능한 인재가 되는 것도 좋겠지만, 또 한편으로는 부모 세대가 행복감을 느꼈던 아날로그 문화도 알았으면 하는 바람을 갖기도 합니다. 또, 자녀가 컴퓨터를 능숙하게 활용하는 것도 좋지만 여가시간에는 또다시 컴퓨터나 스마트폰을 들여다보는 대신 실제(현실) 세계에서 좀 더 다양한 경험을 하길 바랍니다.

요즘 우리 아이들은 디지털 기기에 푹 빠져 있는 경우가 많습니다. 아무리 "컴퓨터(스마트폰) 그만해!"라고 언성을 높여보아도 가상의 세계에 익숙한 우리 아이들은 컴퓨터(스마트폰)를 끄고 나면 무엇을 해야 할지 막막해합니다. 오히려 소통이 점차 어려워지는 시대, 예술은 과연 어떠한 역할을 할 수 있을까요? 예술은 개인들 간의 소통과 이해를 촉진시키고, 예술 활동은 다른 사람들과 함께하는 경험을 만들고 적극적인 참여를 이끌어냅니다. 이렇게 예술은 사회적 관계를 깊이 있게 만드는 매개가 됩니다.

예술로 소통하는
부모와 아이

청소년기의 자녀를 둔 부모들이 가
지는 고민은 비슷합니다. 아이가 틈만 나면 컴퓨터나 스마트폰에
빠져 있고, 못하게 하면 안절부절못하며 짜증을 낸다는 것입니다.
아이들은 (기계가 아닌 이상) 공부를 하다가도 반드시 쉬는 시간이나
빈 시간이 생기게 마련입니다. 그런데 이런 틈새 시간이나 여가 시
간에 아이들과 함께할 만한 다른 무엇인가를 찾아보긴 했는지 궁
금합니다. 스마트폰 메신저에서 나누는 대화만큼 우리는 아이들과
대화를 하고 있는지, 스마트폰의 게임만큼 즐겁고 행복한 경험이
우리 가정 안에 있는지 돌아볼 필요가 있습니다. 어쩌면 스마트폰
세상보다 더 행복한 경험이 없기 때문에 그것을 금지당하고 나면
무엇을 해야 할지 어쩔 줄 몰라 하는 것일지도 모릅니다.

이렇게 가상세계에서 즐거움을 찾는 우리 아이들을 현실세계로

인간과 커뮤니티 댄스 세미나의 매히마르타임[사진 ida drama]

끌어내기 위한 건강한 매개로서 예술이 필요합니다. 스마트폰과 컴퓨터를 그만하라고 잔소리할 때, 아이들에게는 스트레스를 해소하고 휴식을 얻을 만한 다른 무엇인가를 반드시 제안해줘야 합니다. 이럴 때 좋은 영화 한 편, 대학로의 좋은 연극 한 편, 좋아하는 가수의 새 앨범 하나가 행복한 대화를 이끌어냅니다. 어릴 때는 물론이고 청소년이 된 이후에도 아이의 예술적 시간을 충분히 확보해주고, 또 아이의 예술적 취향도 존중해준다면 아이와 부모는 어렵지 않게 소통할 수 있는 물꼬를 트게 될 수 있습니다.

남자아이들은 많은 말을 하는 것보다 같은 공간에서 같은 활동을 하는 것에 더 큰 친밀감을 느낍니다. 아이가 자랄수록 무뚝뚝해진다고 해서 그냥 내버려둘 게 아니라 아이와 함께 목공예를 해본다든가 로큰롤 음악을 듣는 등 흥미가 있는 예술 활동 시간을 공유해보세요. 또 여자아이들은 대화와 공감의 양만큼 마음을 열고 친밀감을 갖게 됩니다. 말 걸기가 어색한 사춘기 소녀라도 함께 음악을 듣거나 주말에 미술관 나들이를 간다면 자연스럽게 대화를 나눌 수 있고, 아이도 마음의 휴식을 얻을 수 있을 것입니다.

그러나 무엇보다 아이와의 대화가 끊어지기 전에 미리 아이가 어릴 때부터 예술로 소통하고 함께하는 가정 분위기를 만드는 것이 중요합니다. 최고의 지성인으로 자녀들을 길러낸 유대인들은 자녀교육의 중심에 대화를 두고 있습니다. 그들의 대화법 '하브루타'도 예술을 매개로 하는 경우가 많습니다. 아이와 함께 작품을 감상하거나 창작을 하면서 대화와 토론, 질문을 함께 나누며 가족 간에는 소통을 이루고 자녀의 생각과 지능, 감성은 높이는 효과를 얻습니다.

또한 1999년 미국 컬럼비아 대학교에서 10~14세 아동 2,046명을 대상으로 설문 조사한 결과, 예술교육에 할애한 시간이 많은 아동일수록 상대적으로 부모와의 유대감이 높게 형성되어 있음이 밝혀졌습니다. 이러한 조사 결과를 살펴보면, 예술을 매개로 하여 서로 간의 대화가 빈번해지고 유대감이 강화되었다는 점을 엿볼 수 있습니다. 우리 아이들도 사실 그 누구보다 부모와의 대화와 이해가 필요할 것입니다. 다만 지금까지 그 방법을 몰랐다면 이제는 예술을 매개로 소통의 작은 물꼬를 터보는 노력을 시작해야 할 때입니다.

예술에 빠지는 것이 오히려 건강하다

스마트폰 시대의 또 다른 염려 중 하나는 중독에 대한 것이 아닐까 합니다. 청소년들의 게임 중독과 스마트폰 중독은 이미 심각한 수준이고, 점차 연령대가 낮아져 초등학생들까지도 중독 고위험군의 비율이 늘어나고 있습니다. 예전에는 중독의 문제를 부모와의 애착 문제로 바라보는 시각도 있었지만, 최근에는 게임을 할 때 뇌에서 분비되는 도파민(쾌락이나 행복에 관한 감정을 전달해주는 신경전달물질)으로 인해 중독되었을 가능성이

크다는 분석이 나왔습니다. 그런데 재미있는 것은 게임을 하거나 사랑을 나눌 때 분비되는 도파민이 좋은 음악을 듣거나 즐거운 예술 활동을 할 때도 생성된다는 것입니다.

일부 부모들은 아이들이 취미 활동으로 비보이나 밴드 활동을 하는 것을 탐탁찮게 여기기도 합니다. 거기에 빠져 공부를 게을리하지 않을까 하는 염려 때문입니다. 그러나 무엇인가 집중하고 애착할 거리가 필요한 아이는 지푸라기 잡듯 무엇이라도 잡을 수밖에 없습니다. 그래서 어쩌면 우리 아이들이 음란문화나 게임, 폭력이 아닌 예술에 빠진 것이 오히려 건강하고 감사한 일일지도 모릅니다. 극단적으로 말하면 3년을 게임에 빠져 지낸 아이보다는 3년을 비보이에 빠져 지낸 아이가 낫다는 것입니다. 게임에 빠져 지낸 아이는 중독으로 끝나지만 비보이나 락밴드, 만화그리기에 빠져 지낸 아이는 어쨌거나 그 분야에서 좀 더 전문성을 기를 수도 있기 때문입니다. 그 분야의 전문 아티스트가 되는 것이 목표가 아니더라도, 몸도 마음도 자라는 시기에 뭔가에 몰입해보는 경험은 자기주도적인 삶의 자양분이 됩니다. 그래서 오히려 건강하게 감정을 해소할 수 있도록 지지해주고 격려해줘야 합니다.

중학생 자녀를 둔 한 부모와 상담을 한 적이 있습니다. 아이는 게임 중독에 폭력 성향까지 보이고 있었습니다. 수줍음이 많고 사람들과 어울리기 어려워하는 성향을 고려하여, 아이에게 맘에 드는 카메라 하나를 직접 고르게 하고 사진 강습을 받게 해보라고 권했습니다. 아이는 생각보다 빠르게 카메라 기술을 익혔습니다. 마음의 응어리가 많았던 아이는 길거리에 버려진 동물들을 집중적으로 찍기 시작하였는데, 작품이 제법 그럴 듯했습니다. 아무것도 잘하는 게 없어서 게임의 세계에서만 인정을 받을 수 있었던 아이는 서서히 사진으로 자기를 표현하기 시작했고, 그래서인지 더 이상 게임에 집중하지 않게 되었습니다.

가정은 우리 아이들이 태어나 처음으로 머무는 공간이자 먼 길을 떠나기 전 머무는 마지막 공간이기도 합니다. 우리 가정 안에는 기저귀 찬 엉덩이를 흔들며 노래 부르는 아이를 평가하고 판단하는 사람은 아무도 없습니다. 경쟁과 서열이 가득 찬 세상 속에서 아이들이 유일하게 지지받아야 할 공간이 가정이고, 그 안에서만큼은 평가와 판단 없이 발산과 소통의 매개가 되어야 하는 영역이 예술입니다. 그러므로 애써 예술을 가르치고 배우는 것이 아니라 가정에서부터 음악이든 미술이든 그저 예술을 접할 수 있는 기회를 폭넓게 제공하고, 그 안에서 아이들이 마음껏 즐기면서 자연스럽게 공감할 수 있는 환경을 만들어가는 게 중요합니다. 예술이 흐르는 가정에서 아이들은 풍요롭고도 따뜻한 정신적 유산을 물려받을 수 있을 것이고, 가정에서부터 이런 예술 분위기가 무르익기 시작한다면 사회와 나라를 변화시키는 것도 어렵지 않을 것입니다.

CHAPTER 3

예술은
누구에게나,
그 어디에나 있다

예술은 사람을 변화시키고 그 사람은 자신의 삶을,
자신의 이웃을, 자신의 지역을, 사회를
그리고 세상을 변화시킨다.
토니 커슈너 (미국 시나리오 작가)

예 술 은
온 마 을 을
키 운 다

"아이 하나 키우는 데 온 마을이 필요하다"는 말이 있습니다. 열 남
매를 낳아 키우면서도 논일 밭일을 다 했다던 할머니들의 이야기
를 들어보면 이모할머니, 고모할머니, 앞집 아줌마, 뒷집 삼촌, 그
것도 모자라면 이웃집 흰둥이까지 우는 아이를 함께 돌봐줬다고
합니다. 온 마을이 아이의 성장을 지켜보면서 이웃들은 아이를 위
한 칭찬과 꾸중을 아끼지 않았고, 낯선 사람은 금방 구별이 되었기
때문에 깜깜할 때까지 뛰어놀아도 마을은 안전했습니다. 또, 누구
집에 경사라도 나면 마을 잔치로, 슬픈 일이 생기면 함께 손을 거들
며 어려움 속에서도 함께 나누는 공동체 문화를 만들었고, 아이들
은 그 안에서 다양성과 협력을 배울 수 있었습니다

그러나 빠른 도시화로 인해 이주민이 늘어나면서 예전의 마을 풍경을 찾아보기가 점점 더 어려워졌습니다. 사람들이 더 폐쇄적이 되고 익명성이 강해지면서 마을은 삭막해지고 갈등과 범죄에도 취약해졌습니다. 그래서 정부와 지방자치단체는 마을 단위로 꾸려지고 있는 자발적인 공동체들(예를 들어 마을학교, 마을협동조합, 마을생활예술공동체 등)에 관심을 갖고 지원하기 시작했고, 그 덕분에 다양한 마을공동체들이 더욱 활성화되고 자리 잡혀 가고 있습니다.

가정이 예술로 아이를 키우기 위한 충분조건이라면, 마을과 학교, 국가 등의 사회 공동체는 필요조건이라고 할 수 있습니다. 공동체라는 개념이 아직은 조금 낯설기는 하지만, 우리 아이들을 사회 전체가 함께 키워 나가야 하는 필요성을 되짚어보고 이를 공유하는 것만으로도 충분히 의미 있는 논의가 될 것입니다.

예술로 소통하는 마을공동체

소리꾼 한 사람이 있으면 온 마을 사람들이 모여 웃고 울었고, 길쌈을 하던 한 여인이 지어 부르던 노래가 온 마을 아낙네들에게 입에서 입으로 전해지곤 했습니다. 예술은 그렇게 마을 안에서 그리고 거기서 살아가는 사람들 속에서 살아 움직이는 생명력을 오래도록 지켜왔습니다.

대체로 마을에는 눈에 띄게 활성화되지는 않았어도 친목회나 조기 축구회, 부녀회, 노인회 등 여러 목적과 특성을 지닌 다양한 공동체들이 있습니다. 하지만 생활 터전으로서의 기능을 잃어버린 마을에 삶의 활기를 불어넣고 침체된 분위기를 바꾸기 위해서는 마을 구성원들의 창의성과 협동, 자발적인 참여를 이끌어낼 구심점이 필요한 법인데, 예술을 기반으로 한 공동체들이 그 역할을 톡톡히 하기도 합니다.

오래 전부터 마을공동체를 일궈온 서울 성미산마을은 1994년 젊은 맞벌이 부부들이 공동육아를 위해 한 마을에 모여 살면서 시작되었습니다. 아이들을 좀 더 건강하게 키우고자 하는 바람은 예술에 대한 요구로 확대되어 2009년 국내 최초의 주민 주도 마을극장인 성미산마을극장이 문을 열게 되었고, 성미산마을은 본격적인 생활예술공동체로 거듭나게 됩니다.

성미산마을극장에서는 공연과 영화 상영, 전시와 퍼포먼스 등 다양한 예술 활동이 이뤄지고, 또 주민이라면 누구라도 '동네북 프로젝트' 공모를 통해 마을극장에서 해보고 싶은 예술 프로그램을 제안해볼 수도 있습니다. 마을극장을 중심으로 운영되는 다양한 문화예술 동아리들은 마을 축제나 마을 행사 때 함께 갈고 닦은 실력을 발휘하기도 합니다. 보통 아이들은 일 년에 몇 번 가기도 어려운 문턱 높은 극장이 성미산마을의 아이들에게는 앞집 슈퍼처럼, 옆집 친구네처럼 편하고 즐거운 생활공간으로 자리 잡은 것입니다. 예술이 가득한 공동체 안에서 마을 사람들은 더 자주 모여 더 많이 소통하게 되었고, 아이들은 예술이 가득한 마을에서 안전하고 건강하게 자라고 있습니다.

극심한 고령화와 낙후된 환경이 문제였던 농촌 마을을 되살린 일본의 생활예술공동체 야네단에 대한 이야기도 있습니다. 1996년 야네단 마을에 새로 취임한 촌장이 노인들에게 야구 경기를 직접 보러 가자고 제안하고, 경비 마련을 위해 고구마 공동 경작을 시작한 것이 마을공동체의 시초가 되었습니다. 그 뒤 마을 사람들이 함께 고구마 소주 '야네단'을 만들어 경제적 자립까지 이루게 되었고, 문화예술의 소외지역일 수밖에 없었던 농촌 마을에 예술 환경을 접목하고 싶다는 촌장과 마을 사람들의 의지가 보태져 리모델링한 농가를 예술가들에게 빌려주는 사업을 시작하게 됩니다. 첫해 마을에 들어온 예술가는 고작 한 명이었지만 정기적인 전시와 마을 주민들을 위한 예술교육이 어우러지며 고무적인 성과와 관심을 얻게 되었고, 마을예술 재생사업(예술을 통해 낙후된 마을의 기능을 되살리는 사업)은 성공적으로 자리 잡게 됩니다. 야네단 마을은 고령화 인구 비율이 15년 만에 절반 가까이 떨어졌고, 새로 이주해온 젊은 예술가들 덕분에 활기를 되찾으면서 마을 주민들의 행복지수 또한 크게 높아졌습니다.

이렇게 국내외에서 자생적으로 형성된 마을공동체들이 좋은 사례로 회자되기 시작하자 정부와 지자체에서도 마을을 중심으로 한 공동체 활성화에 관심을 갖기 시작했습니다. 2012년부터 시작된 서울시의 마을공동체 지원 사업은 3년간 서울 시민 10만 명이 참여할 정도로 뜨거운 호응을 얻고 있습니다. 인천광역시의 마을공동체 만들기 사업이나 경기도 수원시의 마을 르네상스 사업 등도 그 이름만 다를 뿐이지 제2, 제3의 성미산마을이나 야네단 마을을 만들겠다는 같은 목표를 갖고 있습니다. 이들 프로그램은 세 명, 혹은 다섯 명만 모이면 여러 형태의 공동체 운영과 자립을 할 수 있도록 지원하고 있는데, 그 형태가 공동육아나 공동주택, 마을기업에 관한 것도 있지만 마을예술 창작소나 마을 미디어 육성, 마을 공간 활용과 같이 예술을 기반으로 하는 사업도 중요한 비중을 차지하고 있습니다.

또, 마을의 예술 동아리들을 지원하는 사업도 있습니다. 경기도 성남시의 '성남 문화클럽 사랑방'이라는 프로그램이 그 한 예입니다. 성남시에서 활동하고 있는 아마추어 예술 동호회들을 찾아 모은 뒤, 그 지역에서 비어 있는 공간들을 연습실로 사용할 수 있게 연결해줘서 마음껏 배우고 활동할 수 있도록 후원하는 성남시의 문화 정책입니다. 이런 환경 안에서 아빠들은 색소폰을 배우고 엄마들은 그림을 그리고 아이들은 오케스트라의 주인공이 됩니다. 엄마의 그림 전시회에 아빠의 색소폰 동호회가 축하 공연을 하는 방식으로 예술 품앗이를 하기도 하고, 일 년에 한 번 열리는 발표회에서 아빠와 아이가 함께 한 무대에 오르기도 합니다. '사랑방'을 노래한 시가 이 사업의 당위성과 함께 마을예술 속에서 자란 아이들의 미래를 보여주고 있습니다.

성남에는 어딜 가나

문화클럽의 모임이 있다네.

그 모임에는 누가 구경꾼이고 누가 주인공이 없다네.

모두가 주인공이고 모두가 구경꾼이 되어준다네.

시민들은 100년 후를 노래한다네.

예술 시민의 도시, 성남에서는 수많은 예술가와

창조가들이 탄생하고 시민 모두가 문화예술의 삶을

누리고 있는 것은 바로 우리의 아들딸들이

사랑방 문화클럽이 꽃피는 도시에서

자랐기 때문이라네.

친밀한 관계를 만드는 매개로서의 예술

성미산마을이나 야네단 마을처럼 주민들이 자율적으로 이끌어가는 순수한 자발적 공동체에는 가장 큰 장점이 있습니다. 자신들이 좋아서 함께 만들고, 스스로 하고 싶어서 참여하기 때문에 엄청난 열의와 에너지를 발산하게 된다는 것입니다. 경영학에서 유명한 '호손 실험'(1920년대 호손공장에서 진행된 실험)은 회사의 근무 환경보다도 동료 모임과 같이 자발적이고도 비공식적인 인간관계가 근로자들의 소속감이나 만족감, 업무의 효율성과 생산성에 더 큰 영향을 미친다는 점을 보여줍니다. 더욱이 예술을 매개로 한 자발적 공동체가 마을 안에 만들어진다면 이

웃과 가족들의 소속감과 만족감을 높이고, 그 안에서 자라는 아이들의 성장과 발전에도 긍정적 영향을 줄 수 있을 것입니다. 마을과 더불어 아이들을 성장시키려는 긍정적인 동기와 예술이 지닌 힘이 더해질 경우 쉽게 무너지지 않는 결속력이 생기고, 공동체 안에서의 삶들은 더 나은 미래를 향해 나아갈 수 있습니다.

그러기 위해서 마을예술공동체는 주민을 수동적인 관람자로 만드는 것이 아니라 직접적인 참여를 유도하면서 이웃과 아이들이 함께 체험하는 경험 중심의 공동체여야 합니다. 그런 면에서 눈여겨볼 만한 일본의 문화가 바로 마쓰리(축제)입니다. 일본은 365일 축제의 나라라고 해도 과언이 아닐 만큼 지역 곳곳에서 마쓰리가 끊임없이 이어집니다. 원래 마쓰리는 조상을 위한 제사 행사로 시작되었지만, 오늘날에는 마을 축제의 의미가 더 커졌습니다. 어린 아이부터 노인에 이르기까지 몇 달에 걸쳐 마쓰리 행사 준비를 위해 연습하고 들떠 있는 모습이 마치 온 마을이 하나의 학예회장처럼 느껴질 정도입니다.

매년 열리는 마쓰리를 성공적으로 치르기 위해 마을 사람들은 해마다 서로의 지혜와 힘을 하나로 모읍니다. 해당 지역의 기업이나 은행과 관공서들은 큰 비용이 들어가는 등이나 가마를 제작하고, 부인들과 노인들은 축제 때 쓸 인형과 소품, 의상 등을 직접 만듭니다. 청년들은 가마의 행차를 비롯한 행사 진행을 담당하고 초·중·고등학교 학생들은 퍼레이드에 함께할 율동 연습에 힘을

쏟습니다. 마쓰리가 열리게 되면 그야말로 온 마을 사람들이 주인
공이 됩니다. 심지어 바빠서 연습에 함께하지 못한 사람들은 길가
에 앉아 큰 함성이나 노랫소리로 퍼레이드에 참여합니다. 마쓰리
가 절정에 이르고 밤하늘을 수놓는 불꽃놀이가 시작되면 아이들을
비롯해 가족과 온 마을 사람들이 함께 느끼는 감동과 보람은 말로
표현하기가 힘들 정도입니다. 그들 자신이 마쓰리의 기획자였고
주인공이었기 때문입니다. 아버지와 할아버지가 모두 함께 참여하
는 마을 축제를 경험하면서 자란 아이들은 자기 마을과 마을 문화
에 대한 강한 자부심과 애착을 갖게 됩니다. 아이의 정서를 풍요롭
게 만드는 마을예술, 협동예술의 꽃이 활짝 피게 되는 것입니다.

　이렇게 온 마을이 힘을 모아 예술로 아이들을 길러내는 것은 정
말 의미 있는 일입니다. 자생적이고 자발적으로 결성된 마을공동
체에서 어떤 이해관계에도 얽혀 있지 않은 예술을 통해 우리 아이
들을 키워낼 수 있다면, 다른 어떤 공동체보다 효과적이고 지속가
능한 발전을 이룰 수 있을 것입니다. 마을예술공동체에서의 예술
은 이미 의식적인 예술이나 교육의 의미가 아니라 삶 안에서의 주
민들의 예술 활동이자 공동체 활동, 축제이자 놀이가 됩니다.

예 술 먹 고 자 라 는 아 이 를 위 한 TIP

아이와 함께 참여할 만한 예술 관련 축제

축제는 아이들에게 예술적인 분위기와 감성을 경험하도록 해주는 데 효과적입니다. 우리나라의 경우 축제가 1500여 개에 이른다고 합니다. 많은 축제들이 여러 가지 문제로 얼마 못 가서 폐지되기도 하지만 꾸준히 큰 호응을 얻고 있는 축제들도 많습니다. 이런 축제들만이라도 잘 활용한다면 온 가족이 함께 특별한 예술적 경험을 할 수 있을 것입니다. 가장 손쉬운 것은 우리 지역, 우리 마을에서 하는 축제를 한번 찾아보는 것입니다. 동네 주민을 대상으로 하는 만큼 규모는 작지만 직접 참여할 수 있는 프로그램이 많아 아이가 주도적으로 참여할 수 있다는 장점이 있습니다.

보다 더 큰 규모의 축제 분위기와 프로그램을 경험하고자 한다면 전국의 유명한 예술 관련 축제에 아이를 데려가도 좋습니다. 대관령국제음악제나 통영국제음악제, 전주국제영화제, 아시테지 아동청소년공연 축제, 춘천인형극제 등은 세계적으로도 검증된, 아이들과 함께하기 좋은 예술 축제들입니다. 아이가 청소년이 된다면 인천 펜타포트 락 페스티벌이나 자라섬 재즈 페스티벌 등 보다 에너지 넘치는 장르의 축제를 함께해보는 것도 좋습니다. 즐거운 예술 축제의 경험은 각 지역의 문화도 이해하면서 감동과 행복도 얻는 소중한 기회가 될 수 있습니다.

아이와 함께 가볼 만한 주요 예술 관련 축제

	축제명	적정연령	특징
1월	서울 아시테지 겨울 축제	유아, 초등학생	아시테지는 전세계 아동청소년 연극 단체와 예술인이 모인 국제기구로 매년 1월과 7월, 두 번에 걸쳐 국내외에서 선별된 우수한 아동청소년 공연들을 만날 수 있다.
2월	전국 국공립박물관 설 명절 축제	유아, 초등학생	국립중앙박물관과 국립민속박물관을 비롯해 전국의 국공립박물관에서 가족이 함께 즐길 수 있는 전통 공연과 전통 놀이 등의 다양한 행사가 마련된다.

	축제명	적정연령	특징
3월	이천도자기축제	유아, 초·중·고생	도자비엔날레와 함께 개최되는 이천도자기축제는 아름다운 도자기 전시뿐만 아니라 다양한 도자 체험까지 해볼 수 있는 오감만족형 축제
4월	통영국제음악제	초·중·고생	바다와 함께 즐기는 수준 높은 클래식 음악회로 아이와 함께 하는 어린이 콘서트와 세계 최정상급 연주자들을 만나는 즐거움이 있다.
	전주국제영화제	초·중·고생	산업 영화과는 다른 감각적이고 창의적인 국내외 대안 영화를 관객들에게 소개하는 비경쟁 영화제로 특히 청소년 아이들의 지평을 넓혀주는 데 도움이 된다.
5월	춘천마임축제	유아, 초·중·고생	국내외 최정상 마이미스트들의 독특하고 실험적인 공연과 함께 음악, 무용, 퍼포먼스, 거리행사 등 다양한 즐길 거리가 있어 아이들에게 특별한 경험을 선사한나.
	서울동화축제	유아, 초등학생	서울 어린이대공원을 중심으로 동화와 관련된 인형극, 캐릭터쇼, 작가와의 만남, 마켓 등 다양한 볼거리와 즐길 거리가 펼쳐지는 축제다.
	서울국제만화애니 메이션 페스티벌	유아, 초·중·고생	캐릭터에 익숙한 아이들에게 보다 다양한 상상력과 창의력을 키워줄 수 있는 국내외 우수한 단편, 장편 애니메이션과 만화들을 만날 수 있는 축제다.
6월	대구 국제 뮤지컬 페스티벌	초·중·고생	뮤지컬 도시를 지향하는 대구에서 국내외 검증된 뮤지컬과 관련된 부대행사들을 한자리에서 만나볼 수 있는 활기 넘치는 축제다.
7월	아시테지 국제 여름 축제	유아, 초등학생	아시테지는 전세계 아동청소년 연극 단체와 예술인이 모인 국제기구로 매년 1월과 7월, 두 번에 걸쳐 국내외에서 선별된 우수한 아동청소년 공연들을 만날 수 있다.
	대관령국제음악제	초·중·고생	푸르른 녹음 속에서 세계 최고의 음악가들이 들려주는 아름다운 클래식 세계를 경험할 수 있다.
8월	춘천인형극제	유아, 초등학생	아시아 최대 규모의 인형극제로 국내외 인형극과 거리극, 그리고 다채로운 부대행사까지 아이에게 잊지 못할 즐거움을 선사할 수 있다.
	인천 펜타포트락 페스티벌	중·고등학생	매년 탄탄한 라인업이 눈에 띄는 축제이다. 청소년과 부모가 함께 즐기고 뛰면서 스트레스를 발산하고 해소할 수 있다.

		축제명	적정연령	특징
9월		서울세계무용축제	초·중·고생	유네스코 국제무용협회 한국본부가 만든 가장 크고 의미있는 행사로 3주 정도의 기간 동안 국내외의 우수하고 다양한 무용 공연들을 만나볼 수 있다.
		광주비엔날레	유아, 초·중·고생	2년마다 열리는 국제 현대미술제 광주비엔날레는 세계 5대 비엔날레 중 하나로 꼽히며 한국과 아시아, 세계의 창의적이고 실험적인 현대미술을 한자리에서 볼 수 있는 기회를 제공한다.
10월		자라섬국제재즈 페스티벌	초·중·고생	자연 속에서 국내외 최정상급 재즈 뮤지션들의 멋진 연주를 즐길 수 있다. 자유롭고 활기찬 분위기에 특히 청소년들과 함께하기 좋다.
		광화문국제아트 페스티벌	유아, 초·중·고생	미술 전시와 퍼포먼스 외에도 미술, 공예와 관련된 다양한 체험을 할 수 있다. 아이와 함께 광화문사랑 어린이 그리기대회에 참여하는 것도 좋은 추억이 될 수 있다.
11월	대학로소극장축제		초·중·고생	해외 우수 공연과 원로 및 신진 예술가들의 우수 공연이 초대되어 창의적이고 실험적인 소극장 공연의 진수를 맛볼 수 있는 축제다.

학 교 는
왜   예 술 이
필 요 한 가 ?

어린이집, 유치원, 학교와 같은 교육 공동체는 우리 아이들이 가정 다음으로 접하게 되는 작은 사회입니다. 또, 가정에서 다 가르쳐주지 못하는 규범과 가치, 지식들을 보다 전문성 있게 배우고 익히는 곳으로, 예술교육도 마찬가지입니다. 2012년 문화체육관광부에서 실시한 '문화향수 실태조사'에 따르면, 학교 밖에서의 문화예술교육의 경험 비율이 10대 청소년은 14.3%, 전체는 8.7%에 불과한 것으로 나타났습니다. 그만큼 학교에서 배우는 예술교육이 인생 전체의 예술 경험에 큰 영향을 미친다는 것을 알 수 있습니다.

우리나라 문화예술 교육 예산이 2013년 1천억 원을 넘어섰습니다. 학교 문화예술 교육 예산만 놓고 보자면 선진국과 비교해도 결코 뒤지지 않습니다. 짧은 기간 막대한 예산을 동원해 수많은 예술강사를 학교에 파견하고 있지만, 학교에서의 예술교육이 제대로 이루어지고 있는지, 또 그것이 정말 미래를 살아갈 우리 아이들에게 적합한 예술교육인지 한 번쯤 되짚어볼 때인 것 같습니다. 무엇보다도 우리나라의 입시 위주의 교육 환경이 예술교육에도 그대로 영향을 미쳐서 여러 문제들이 발생하고 있기 때문입니다.

학교 예술교육의
불편한 현실

우리나라 학교 예술교육의 가장 큰 문제점은 대학 입시 위주의 교육과정으로 인해 학년이 올라갈수록 예술 교과의 시수가 크게 줄어들고, 예술교육이 즐거운 경험보다는 평가와 점수에 초점이 맞춰져 있다는 점입니다. 교육 당국과 학교, 교사와 부모들은 흔히 예술교육이 학업과 입시에 방해가 된다거나 예술 교과가 다른 교과목보다 중요하지 않다는 인식을 갖고 있습니다. 하지만 미국의 경우만 보더라도 뉴욕주에서는 학교 내 6~8학년의 예술교육 시수를 법으로 정해놓고 있습니다. 심지어 학년이 높아질수록 예술교육 시수가 오히려 늘어나기까지 합니다. 또한, 미국 최고의 명문 고등학교인 필립스 아카데미에서는 졸업생 대부분이 한두 가지 이상의 예술 분야에서 전문가 못지않은 실력을 갖췄다는 사실을 졸업생 중 삼분의 일이 아이비리그 대학에 진학한다는 것만큼이나 큰 자랑으로 여기고 있습니다. 이 학교는 공연예술과 음악, 미술 등 예술교육에 많은 시간을 할애할 뿐만 아니라 학생들의 예술 동아리 활동, 연주회 등을 지원하기도 하고, 또 많은 예술가들의 공연과 전시를 학교로 직접 초청하기도 합니다. 예술 수업이 학생들의 학업에 방해가 될 거라고 여기는 우리 교육 현실과는 전혀 다른 모습입니다.

현재 우리나라의 학교 예술교육은 교육부와 문화체육관광부가 함께 담당하고 있습니다. 교육부는 일반적으로 알고 있는 학교 교과과정 영역 안에서의 예술교육을 주관하는데, 최근에는 문화체육관광부와 함께 예술강사 지원 사업과 같이 전문성과 자율성을 강화하는 예술교육 사업에 힘을 싣고 있습니다. 문광부, 특히 산하기관인 문화예술교육진흥원에서는 학교 예술교육과 관련해, (1) 예술강사 지원 및 파견 사업과, (2) 신규 예술교육 분야 개발 및 유아 예술교육 지원 사업, 그리고 (3) 예술꽃씨앗학교로 대표되는 학교 직접 지원 사업 등 크게 세 가지 영역에 집중하고 있습니다. 이 가운데서 보육시설을 포함한 학교 예술교육에 대한 논의는 곧 학교에 파견되는 예술강사들에 대한 논의라고 말할 수 있습니다. 학교 예술교육에 사용되는 예산 가운데 90% 이상이 예술강사를 파견하는 데 쓰이고 있기 때문입니다. 국악, 연극, 영화, 무용, 만화 애니메이션, 공예, 사진, 디자인 등 총 8개 분야에 대해 5천여 명의 예술강사가 전국 초·중·고등학교에 파견되고 있고, 이를 2017년까지 모든 학교로 확대한다는 계획입니다. 이를 위해 2013년부터 문화예술교육사 자격 제도를 신설하여 본격적인 예술강사 양성에 박차를 가해 왔습니다. 예술강사 지원 사업은 예술가들이 강사 활동을 통해 경제적인 도움과 교육적 전문성을 얻을 수 있게 해주고, 아이들에게는 다양한 예술 분야의 전문 강사를 만남으로써 협력과 소통, 예술적 기능 향상 등 개인의 역량을 발전시키는 기회를 제공합니다. 학교 또한 이 사업을 통해 예술적인 환경을 조성하고 예술교육에 대한 부담을 덜 수 있다는 점에서 모두에게 긍정정인 영향을 주고 있습니다.

그러나 10년 넘게 예술강사 지원 사업이 진행되다 보니 여러 가지 문제들이 생겨나고 있습니다. 예술강사들이 전문 교육자가 아닌 예술가 출신인 만큼 개인 역량에 따라 수업의 질이 크게 좌우되기도 하고, 예술강사의 지속적인 고용이 보장되지 않아 아이들의 성장과 함께하는 지속적인 예술교육의 효과를 보기가 어렵다는 것입니다. 또 학교의 예술교육적 측면에서, 정규 교과과정 내에서의 음악, 미술과 같은 예술 과목 수업과 학교 내 예술 과목 교사의 역할에 대해 의문이 제기되기도 합니다. 그래서 예술강사에게만 예술교육을 맡기는 방식이 아니라 학교와 학생들의 상황을 가장 잘 아는 학교 교사의 주도하에 예술가(예술강사)와의 지속적이고 긴밀한 협력으로 만들어나가는 새로운 형태의 예술교육이 필요하다는 목소리, 즉 학교와 예술가(예술강사)의 '창조적인 파트너십'이 필요하다는 의견들이 제기되고 있는 것입니다.

　　예술가는 사실 무엇을 가르치기보다는 무엇인가를 창작하고 재가공해내는 데 전문성을 갖고 있는 사람들입니다. 그들의 예술적 재능을 여덟 가지 예술교육 분야로 무 자르듯 나눠서 관련된 기능만 가르치도록 만든다면 학교나 아이들은 물론 예술가에게도 큰 손실이 될 수밖에 없을 것입니다. 아이들이 예술 수업에서 배워야 하는 것은 단순한 예술적 기능이 아닌, 창의성과 스토리텔링, 인내력과 사회성, 그리고 그 이상의 많은 것일 수 있습니다. 그러므로 학교 예술교육은 기능 습득에만 치중되어서는 안 되며 감상과 창작, 기예의 모든 영역과 장르를 통합적으로 활용하면서 아이들의 성향을 파악하고 요구를 들어줄 수 있어야 합니다. 따라서 예술가는 예술 수업뿐만 아니라 교사와 함께 일반 과목의 교수법을 예술과 접목해 연구하기도 하고, 학교가 당면한 문제들에 대해 창조적인 해법을 함께 찾아보고, 또 학교 환경 미화나 아이들과의 소통에도 예술을 적극적으로 활용하는 등 다차원적인 면에서 학교와 협력하는 방향으로 노력을 기울여야 합니다.

　　영국에서는 학교와 예술가가 동등한 입장에서 협력하는 크리에이티브 파트너십Creative Partnership 사업을 운영하고 있습니다. 크리에이티브 파트너십은 예술가와 학교를 서로 연결해주어 예술가들의 창의적인 능력과 교사의 교육적 기술을 조합함으로써 학교의 수업, 환경, 관계 등 다양한 영역의 개선을 함께 이뤄나갈 수 있게 합니다. 또, 미국 뉴욕의 링컨센터 인스티튜트 ^{LCI: Lincoln Center Institute} 에서는 우수한 예술가 교사들을 양성하여 학교에 파견하고 있습니다. 이 예술가 교사들이 일반 예술강사와 다른 점은 각 학교 현장에 맞춰서 학교 교사와 함께 수업 계획안을 짜고 개발하여 가르치는 일을 담당한다는 점입니다. 또 '훌륭한 예술가가 훌륭한 예술교육자가 될 수 있다'는 믿음으로 LCI에서는 예술가 교사들의 교육 활동뿐 아니라 예술 작업에까지 적극적인 지원을 아끼지 않고 있습니다.

성격이 조금 다르기는 하지만 우리나라의 경우는 단순히 예술강사를 파견하는 데 그치는 게 아니라 일정 기준을 두고 학교를 선정하여 학교 내 양질의 예술 프로그램의 개발을 위해 예술가와 학교 간의 긴밀한 협력을 돕는 '예술꽃씨앗학교'와 '예술중점학교' 등이 눈여겨볼 만합니다. '예술꽃씨앗학교'는 전교생이 400명 이하인 소규모 학교를 선정해 최대 4년 동안에 걸쳐 학교 내 예술교육이 뿌리내리고 자립할 수 있도록 돕는 프로그램입니다. 2008년부터 시작된 이 프로그램은 학교 예술교육에 예술가들의 열정과 창의성이 더해지면서 폐교 위기에 있던 작은 학교들에 전학생이 늘어나고 그로 인해 마을까지 활기를 되찾는 고무적인 성과를 보이고 있습니다.

또, 일반 중·고등학교에서도 예술에 소질 있는 아이들에게 예술 특성화 교육을 집중적으로 지원하는 '예술중점학교' 제도가 있습니다. 예술중점학교로 선정된 학교는 5년간 시설 투자를 지원받는데, 건물 한 층을 아예 개인 연습실과 합주실, 오케스트라실 등으로 개조한 학교도 있고 일반 학교에서 만나기 어려운 우수한 예술강사를 섭외하는 학교도 있습니다. 일반 학교 안에서 열의가 넘치는 예술가들과의 만남을 통해 공교육만으로도 최고 수준의 예술교육이 이뤄진다는 입소문이 돌면서 예술중점학교의 인기는 물론이고 아이들의 자존감도 매우 높다고 합니다.

EBS 다큐 프로그램인 〈세계의 교육현장〉에서 크리에이티브 파트너십의 대표 폴 콜라드를 인터뷰한 내용을 보면, 학교와 예술가의 파트너십이 왜 필요한지를 좀 더 쉽게 이해할 수 있습니다. 폴 콜라드는 우리 아이들이 미래에 종사하게 될 직업의 60%는 아직 만들어지지도 않았다고 말합니다. 그래서 이제 세상이 필요로 하는 사람은 직업을 구하는 사람이 아니라 직업을 창조하는 사람이라는 것입니다. 그리고 학교는 예술가와 함께 창조적인 영역의 준비를 아이들에게 해줘야 한다고 말합니다. 결국 오늘날 학교가 필요로 하는 예술교육자는 아이들에게 잠시 기능만 가르치는 사람이 아니라, 학교와 함께 협력하여 학교에 필요한 많은 것들을 창조적으로 일궈나가는 진짜 예술가, 즉 크리에이터^{creator} 여야 한다는 것입니다.

학교는 아이들이 단체로 생활하는 공간인 만큼 그 어떤 공동체보다도 체계와 규범이 중요시되는 곳입니다. 특히 우리나라의 학교는 등하교 시간, 수업 시간과 쉬는 시간, 무엇을 배우고 무엇을 익혀서 어떻게 평가받을까 하는 것까지 모든 것이 숫자로 표현될 정도로 시스템 중심의 폐쇄적인 공동체라고 할 수 있습니다. 그래서 학교 예술교육의 가치가 좀 더 특별하고 의미 있습니다. 학교에서의 예술은 우리 아이들이 규범과 제도 속에서 가장 자유롭고 편안하게 자신을 드러낼 수 있는 해방구의 역할을 할 수 있기 때문입니다.

아이들은 예술을 통해 자신의 한계에 도전해볼 수도 있고, 자신의 새로운 모습을 발견할 수도 있습니다. 공부를 잘하고 못하는 것으로 모범생과 열등생이 구분되어 있다면, 학교 예술의 영역에서는 모범생과 열등생이 서로 뒤바뀔 수도 있고, 또 예상치 못했던 아이가 숨겨져 있던 재능을 발견할 수도 있습니다. 아이들은 예술을 통해 전통을 존중하는 방식을 배울 수도 있고 사회적 가치와 규범에 도전해볼 수도 있습니다. 또 다양한 역할을 경험해보며 타인의 인생과 감정을 이해할 수도 있습니다. 그래서 평가받고 점수를 얻기 위해 외우고 익혀야 할 또 다른 교과목으로서의 예술교육이 아니라, 아이들을 더 나은 사람으로 기르기 위한 진정한 의미의 예술교육이 절실한 것입니다 따라서 학교 예술교육은 아이들이 행복하고 새로운 감성적 경험을 하도록 하는 데 집중하는 것이 무엇보다 중요합니다. 한 초등학교 2학년 아이가 방과 후 수업에서 비즈공예를 배우게 되었는데, 예쁜 팔찌를 만들어 와놓고도 이상하게 집에 와서는 재미없다고 이야기했답니다. 어느 날 엄마가 학부모 참여 수업에서 비즈공예반 수업을 지켜보았더니, 아이들이 말없이 순서지를 펴놓고 앉아 실에 구슬을 하나씩 꿰고 있는데 그 모습이 전혀 즐거워 보이지 않더랍니다. 그런 아이들의 모습이 마치 공장 직원들 같았다는 그 엄마의 말처럼, 유감스럽게도 아이들은 비즈공예 수업을 통해 그 어떤 예술적 경험도 하지 못했던 것입니다. 미국의 영향력 있는 예술교육 전문가 에릭 부스 Eric Booth는 예술교육에서의 '예술'은 명사가 아닌 동사여야 한다고 말합니다. 하루 종일 진흙을 만졌다고 해서 예술을 경험한 것이 아니라 진흙을 통해 아이가 표현하고 싶은 것을 마음껏 해보고 그 속에 자신만이 할 수 있는 새로운 세계를 창조할 때에야 비로소 예술을 경험했다고 할 수 있으며, 이것이 바로 동사로서의 예술이라는 것입니다. 비즈공예 수업에서 아이들에게 순서지를 나눠주는 대신 아이들이 직접 구슬의 종류와 색깔을 선택하고 자신이 만들고 싶은 것을 마음껏 해볼 수 있도록 상상하고 표현할 수 있는 기회를 제공했다면 아이들은 전혀 다른 예술적 경험을 했을 것입니다.

학교 예술교육은 결과 중심의 교육이 아니라 조금 느리고 시간이 걸리더라도 아이의 창의성에 모든 것을 맡기는 예술교육이어야 합니다. 학교에서의 예술교육이 즐겁고 행복한 경험이었다면 어른이 되었을 때 좀 더 편안하고 친밀하게 적극적으로 예술을 접할 수 있을 것입니다.

만약 전 세계 선진국의 대통령들이 한자리에 모여 학생들에게 어떤 과목을 더 주요하게 가르쳐야 할지 논의한다면, 과연 어떤 결과가 나올까요? 국어, 영어, 수학? 장담컨대, 국가의 앞날을 누구보다 걱정할 대통령들은 딱 두 가지 과목을 꼽을 것입니다. 바로 과학과 예술입니다. 여기서 과학 과목을 강조한 것이 그리 새삼스럽지 않은 이유는 산업혁명 이후 급속히 성장한 거의 모든 나라가 전력투구해온 분야이기 때문입니다. 그런데 그런 과학과 더불어 반드시 강조해야 할 교육이 예술이라니, 고등학교 3학년의 예술 과목 시수가 '0'인 우리나라의 교사와 부모들이 들으면 무슨 정신 나간 소리냐며 비난을 할지도 모를 이야기입니다.

하지만 이는 단순히 제 개인의 추측이 아닙니다. 이미 여러 선진국들은 국가가 추구해야 할 방향을 '국민 행복'과 '삶의 질'에 두고서 예술을 적극 지원하고 있고, 경제와 사회의 지속적인 발전을 위해서 문화와 창조 산업이 필요하다는 것을 인식하고 앞 다투어 뛰어들고 있습니다. 이러한 시대적 패러다임의 한가운데에는 '문화예술 정책'이 있고, 그중에서도 아이들을 위한 '예술교육'이 중요한 자리를 잡고 있습니다.

문화예술은
국가의 최대 경쟁력

문화예술을 통해 새로운 변화와 지속적 발전을 모색하는 선진국들의 이러한 움직임은 전 세계적으로 10여 년 전부터 있어왔습니다. 영화 〈타이타닉〉의 흥행을 빗대어, 우리나라가 소나타 자동차 4만 대를 팔아야 영화 한 편의 수익을 얻을 수 있다는 얘기들이 흘러나오던 그 즈음이었습니다. 그렇게 말로만 떠들어댄 우리와는 달리 통일의 부담을 떠안게 된 독일, 특히 변혁과 혼란의 중심에 서 있었던 수도 베를린은 막다른 골목에서 문화예술을 향해 빠르게 손을 뻗었습니다. 2001년 클라우스 보베라이트Klaus Wowereit 베를린 시장은 '문화는 베를린의 본질적인 미래 자산'이라는 슬로건을 내걸고 베를린을 예술 도시로 만드는 프로젝트를 시작한 것입니다.

예술가들에게는 베를린으로 와서 활동할 수 있도록 이주 부조금이나 무료 의료보험을 제공하는 등 파격적인 혜택을 주었습니다. 최고의 지휘자와 예술가를 데려오는 데 투자를 아끼지 않았으며, 아이들의 예술교육 프로그램을 체계적으로 활성화시켜 나갔습니다. 10년이 지난 2011년, 회색의 도시였던 베를린은 인구 10명 중 1명이 예술 관련 종사자가 되었고 예술 산업이 베를린 전체 경제 규모의 20%가 넘게 되었습니다. 혼란과 분열이 가득했던 베를린은 이제 '젊은 예술가들의 천국'으로 불리며 유럽의 중심으로 뜨겁게 떠오르고 있습니다.

21세기 들어 창의성은 미래사회를 담보할 자원으로 개인을 넘어 사회·국가적 차원에서 큰 주목을 받고 있습니다. 더불어 창의성과 상상력을 통한 문제해결 능력과 공감을 바탕으로 한 사회통합 능력을 갖춘, 미래사회에 필요한 인재를 양성하기 위해 전 세계 수많은 나라들은 문화예술 교육에 대한 지원을 아끼지 않고 있습니다. 국민의 행복과 삶의 질을 위해서도 예술이 필요하고, 창의와 소통의 인재를 키우기 위해서도 예술이 필요하며, 경제 발전을 위해서도 예술이 필요하다는 것을 깨달았기 때문입니다.

오바마 미국 대통령은 상원의원이던 시절부터 "미국은 글로벌 시대의 경쟁력 유지를 위해 창의력과 혁신을 되살려야 하고, 이를 위해 반드시 예술교육을 장려해야 한다."고 말해왔습니다. 오바마 대통령이 처음 임기를 시작할 때만 해도 미국의 모든 이슈는 오직 단 하나 '경제'였습니다. 그러나 오바마 대통령은 경제 위기 속 성장을 위한 활력이자 방법으로 '예술교육'을 지목하였고, 그의 의지는 다양한 예술교육 정책을 추진할 수 있는 원동력이 되었습니다. 2012년 재임에 성공한 오바마 대통령의 첫 번째 임기 막바지에 '대통령 예술·인문학위원회 PCAH'는 중요한 연구보고서 하나를 발표했습니다. 그 연구보고서의 제목은 〈예술교육에 대한 새로운 투자: 창의적인 학교를 통해 미국의 미래를 담보한다 Reinvesting in Arts Education : Winning Americas' Future Through Creative Schools : PCAH〉입니다. 이 보고서 제목만으로도 오바마 정부가 미국의 미래를 위해 예술교육을 얼마나 절실하게 여기는지 짐작할 수 있습니다.

2013년 호주가 '창의 호주 Creative Australia 2013~2022' 계획을 발표하고 예술을 통한 경제·사회 발전을 강조한 것도, 영국이 디자인을 가리켜 '21세기 국운을 변화시킬 수 있는 제2의 산업혁명'이라고 하며 국가적 준비를 하는 것도, 유럽연합이 경제 위기 해결을 위해 2014년부터 6년간 14억 6천만 유로(한화 약 20,440억)를 지원하며 유럽 내 '문화적 연합'까지 이루겠다는 발표를 한 것도, 알고 보면 모두가 문화예술에 국가의 미래를 걸었다는 의미일 것입니다.

창의 한국, 예술교육에서
답을 찾다

우리나라에서는 2013년 예술교육
예산이 1천억 원을 넘어섰습니다. 2000년에 총 국가예산 중 1%를 넘어선 문화예술 예산도 2017년에는 2%까지 확대할 것을 목표로 할 정도이니, 양적으로만 놓고 보자면 선진국과 비교해도 결코 뒤지지 않을 정도입니다. 하지만 사실 우리나라의 예술교육 정책은 뿌리가 그리 깊지 않습니다. 방과 후 수업과 같은 예술교육 프로그램이 워낙 일반화되어 있어서 마치 오래 전부터 예술교육이 이뤄져왔던 것 같지만 예술교육이 정책으로 만들어진 것은 불과 10여 년 전인 2004년입니다. 물론 그 사이 문화예술교육지원법도 만들어졌고 문화예술교육진흥원도 설립되었으며, 또 전국 지자체에 유행처럼 설립된 문화재단에서는 다양한 예술교육 프로그램들을 운영하기 시작하였습니다.

하지만 시간의 축적을 요구하는 예술적 자산은 한순간에 쌓아 올리는 게 쉽지 않은 만큼 우리 사회가 예술교육의 양적 성장에 걸맞은 질적 성장까지 이루기에는 턱없이 부족한 시간이었습니다. 문화예술 콘텐츠는 한류가 되어 세계를 향해 나아가고 있는데 학교 예술교육은 여전히 평가와 점수 위주, 주입식 교육에 머물러 있고, 또 OECD 국가 중에서 근로와 학업 시간은 가장 길지만 예술 향유 시간은 꾸준히 최하위에 머무는 등 여러 측면이 조화를 이루고 있지 못하니 말입니다. 그러나 예술과 예술교육이 국가의 미래를 담보한다는 선진국들의 생각이 사실이라면 예술교육 프로그램 수나 파견하는 강사의 수, 늘어나는 예산과 같이 양적인 숫자에 집중할 것이 아니라 이제는 적극적으로 예술적 자산을 쌓고 예술교육의 질적 성장을 이루는 데 집중해야 할 것입니다.

국가는 왜 예술로 아이들을 키워야 할까요? 국가는 교육을 통해 국가가 가장 중요하다고 여기는 가치를 아이들에게 가르쳐야 합니다. 말로는 창의 한국, 창조 경제를 외치고 있지만 여전히 입시 경쟁과 주입식 교육에 머물러 있다면, 또 세계의 대통령들이 모두 과학과 예술을 고를 때에도 여전히 우리나라만 입시를 위한 국어, 영어, 수학을 고집하고 있다면 아이들이 자라서 성인이 될 20년, 30년 뒤에도 창의와 창조는 이 나라에 없다고 봐야 하지 않을까요. 이제는 우리 아이들이 살아갈 국가의 미래를 위해서라도 예술에 대한 '새로운 투자'가 필요한 때입니다.

예술교육은 모두의 몫이다

얼마 전 어린아이들이 쓰는 물티슈의 성분이 문제가 되어 한 기업이 휘청거릴 만큼 논란이 되었던 적이 있습니다. 물티슈도 먹을거리도 아이들을 대상으로 만들어내는 것들은 어른을 대상으로 하는 것보다 더 조심스럽고 더 전문성이 있어야 할 것입니다. 그러나 사회는 복잡다단한 이익집단들이 모여 있는 만큼 모두가 부모의 마음을 갖고 있는 것은 아닙니다. 예술도 그렇습니다. 특히 어린이를 위한 예술이라면 뭔가 더욱더 순수한 모습이어야 할 것 같지만, 이상하게도 전혀 그렇지 못한 경우가 많습니다. 어린이 공연이 어른을 위한 뮤지컬이나 연극보다 조악하기도 하고, 어른을 위한 공연·전시의 기획자나 연출자, 배우는 우수한 인재들이 많은데, 아이들을 위한 공연·전시에는 전문가가 드뭅니다. 오히려 어린이 공연을 하는 배우들 중 대부분은 정극正劇 배우를 부러워하며 어린이 공연을 한다는 것을 부끄러워하기까지 합니다. 공연계의 분위기가 그러해서기도 하겠지만 그만큼 배우 입장에서 자신 있게 내세울 만한 어린이 공연 작품이 드물기 때문일 것입니다.

어린이는 예술의 최대 소비자

어린이 예술 시장의 규모가 작아서 그런 게 아니냐고 반문할 수도 있습니다. 그러나 문화예술위원회에서 매년 발행하는 《문예연감》에 실린 아래 표를 보면 깜짝 놀라게 됩니다. 우리나라에서 공연된 연극 가운데 아동청소년극의 비율이 2009년 5편 중 1편이었다가 2013년에는 2편 중 1편을 차지할 만큼 빠르게 성장하고 있기 때문입니다. 어느 한 분야에서 어린이 소비자가 절반가량을 점유하고 있다는 사실은 결코 무시하지 못할 상황입니다. 손님이 왕이라고 한다면 예술계에서의 어린이 손님은 왕 중의 왕인 셈입니다.

이 통계에 따른 시장 논리를 적용하자면 성인을 위한 공연장이

	2009년	2010년	2011년	2012년	2013년
아동청소년 연극 점유율 (공연 건수 기준)	21%	33%	34%	44.3%	48.4%

출처: 《문예연감》(2014)

나 전시장만큼 어린이를 위한 시설도 확보되어야 합니다. 대학의 관련 학과에서는 어린이 공연이나 전시에 관한 과목을 비중 있게 다뤄야 하고, 관련 전문가 양성 과정이 곳곳에서 운영되어야 할 것입니다. 그런데 우리나라에는 국가에서 운영하는 어린이 전문 공연장이나 전시장이 하나도 없고, 대학에는 관련 과목 하나도 개설되어 있지 않습니다. 또 어디서 어떤 공연이나 전시를 하는지, 그 수준이나 평가가 어떤지 제대로 정리되어 있는 데이터베이스가 하나도 없어서 부모나 교사가 일일이 블로그나 인터넷 검색 사이트를 찾아다녀야 하는 실정입니다.

그 이유를 생각해보면 아주 단순한 것 같습니다. 어린이 공연의 관객인 아이들이 직접 후기를 쓰거나 비평 등의 자기 의사를 표현하지 못하기 때문에, 선거를 할 수 있는 투표권이 없기 때문에, 어쩌면 관계자들이 어린이 공연과 체험, 전시는 조금은 조잡하거나 전문성이 떨어져도 된다고 여기는 것은 아닐까요. 그래서 정부나 지자체, 기업들까지도 생색이 나지 않는 어린이 공연장이나 전시장을 짓는 대신 좀 더 그럴 듯하게 내세울 만한 뮤지컬 전용 극장이나 고급 전시장들을 앞 다투어 짓고 있는 것은 아닌지 궁금합니다.

양질의 어린이 예술을 위한 공동체

어린아이가 사용하는 거라면 물티슈 하나에도 공을 들여야 하듯 어린이 문화예술도 그래야만 합니다. 어린이를 대상으로 하는 공연이나 전시는 조악하게 대충 만들어도 되는 것이 아니라 오히려 아이들의 성장 발달단계에 따른 교육적 효과를 고려하여 더욱 전문성 있게 만들어야 합니다. 해외에서는 이 같은 노력을 일찍부터 기울여왔습니다. 공연 선진국인 러시아는 1918년에 국립 어린이 뮤지컬 극장을 설립하였고, 프랑스에서는 1970년대부터 아동·청소년 전용 국립연극센터를 운영하고 있습니다. 독일도 프랑스와 비슷한 시기에 어린이 전용 극장을 설립하여 현재는 주요 지자체 극장마다 아동·청소년을 위한 공간이 별도로 운영되고 있습니다. 음악의 도시라 불리는 오스트리아 빈에서는 2001년에 세계에서 가장 큰 복합문화 공간인 '무제움스크바티어 빈'을 개관하였는데, 전문적인 어린이 미술관과 공연장이 함께 있어 현재는 연간 200만여 명이 찾는 명소가 되었습니다.

해외 여러 나라들은 어린이 공연의 작품성에 대해서도 엄격하게 관리합니다. 가까운 일본의 한 학부모 단체는 아이들을 위한 우수 공연작을 직접 선정해 정기적으로 학교에서 볼 수 있게 지원합니다. 대만과 중국의 경우 학교를 순회하는 연극은 교육청이나 정부가 직접 선별하여 주도하고, 호주나 뉴질랜드에서도 교육청이 선정한 학교 공연 작품의 수준이 무척이나 높다고 합니다. 학부모들의 신뢰도뿐 아니라 아이들의 만족도나 예술단체들의 자부심도 더불어 높아질 수밖에 없습니다.

우리나라도 아이들에게 제공할 예술의 질에 대해 정부와 지자체의 관심이 절대적으로 필요합니다. 우선 어린이 전용 문화예술 시설이 곳곳에 세워져야 합니다. 어린이 공연장은 어린이의 시청각에 가장 적절한 조명과 음향이 배치되어야 하고, 앞자리에 앉은 성인의 머리에 시야가 가리지 않도록 새로운 개념의 좌석 설계가 필요합니다. 쾌적함과 안전은 두말할 필요도 없을 것입니다. 어린이 전시장도 역시 별도로 설계되어야 합니다. 어린이 관람객을 위한 그림 전시의 경우엔 그림이 좀 더 낮게 걸려 있어야 합니다. 천천히 관람할 수 있게 동선을 배치하고, 해외 미술관에서처럼 그림 앞에 옹기종기 앉아 즐겁고 편안하게 도슨트의 설명을 들을 수도 있어야 합니다. 어린이 공연과 전시에 대한 정보를 모아놓은 어린이 공연·전시 통합정보 사이트를 만들어 부모와 교사들이 쉽게 정보를 얻을 수 있어야 하고, 어린이 예술만 전문으로 하는 예술가와 비평가도 길러내야 합니다. 또, 작품의 수준을 검열하여 조악한 어린이 공연 단체는 유해물질을 사용한 업체처럼 통제하는 한편, 전문성 있는 단체는 경제적 어려움 없이 좋은 작품을 만들어 더 많은 아이들을 만날 수 있게 지원해주는 사업도 필요합니다.

더불어 부모의 관심 어린 목소리도 필요합니다. 아이들에게 해가 되는 것은 불매 운동도 벌이고, 아이들에게 꼭 필요한 것은 유모차 부대를 이끌고서라도 이루어내는 것이 우리 부모들입니다. 어린이 예술의 질을 높이기 위해서는 부모들의 강한 힘이 발휘되어야 합니다. 공연이나 전시 수준이 낮을 경우 보이콧할 수도 있어야 하고, 좋은 작품일 경우 성인 대상 뮤지컬의 관람비용만큼 비싸더라도 감안할 수 있어야 합니다. 그래야 극단과 예술가들이 긴장도 하고, 더욱더 정성스럽게 작품을 만들 수 있을 것입니다. 정부를 향해서도 목소리를 높여야 합니다. 우리 지역에도 어린이 전용 문화 예술 시설을 만들어달라고, 아이들이 양질의 예술 환경 속에서 자랄 수 있게 해달라고 요구해야 합니다. 지금처럼 양적 성장만 계속된다면 우리 아이들을 위한 예술의 질은 결코 담보될 수 없을 것입니다. 우리 아이들에게 필요한 것은 먹을거리든 예술이나 교육이든 가장 양질의 것이어야 한다는 인식은 사회적 약속이 되어야 합니다.

국가와 사회가 함께 키우는
미래의 관객
　　　　　　　　　　　오페라의 강국인 독일에서는 수많은 어린이 오페라 전용 극장이 운영된 지 오래입니다. 우리나라에서 오페라는 평소 클래식을 좋아하는 어른들도 시간을 내서 보러 가기 쉽지 않은 장르입니다. 그래서인지 어린아이는 오페라를 관람하기 더 어려울 것이라고 미리 단정 짓는 경우가 많습니다. 그러나 독일에서는 어린이 오페라만 전문으로 하는 오페라 극단도 여러 곳이 있을 정도입니다. 1970년대부터 시작된 어린이 오페라 공연이 시간이 지날수록 더 많은 어린이 관객을 모으고 있습니다. 독일의 어린이들이 이렇게 오페라를 즐길 수 있게 된 가장 큰 비결은 가정에서부터 보육기관과 학교에 이르기까지, 어린아이들이 오페라를 즐기는 것을 매우 당연하고 지지할 만한 것으로 여기고 있다는 사실입니다. 여기에 어린이 오페라를 위한 극장 건립과 오페라단 운영, 관람료 할인 등 정부와 기업의 든든한 지원이 있었다는 것입니다.

또 어린이 오페라 전문 인력들의 실험 정신과 피땀 어린 노력도 한몫하고 있습니다. 예를 들어, 모차르트의 오페라 〈마술피리〉는 어린이를 위한 오페라 〈작은 마술피리〉로 재탄생되었고, 〈피가로의 결혼〉과 〈마술피리〉라는 두 작품을 혼합해서 〈피가로의 마술〉이라는 새로운 오페라 작품을 만들어내기도 했습니다. 또 어린이들이 흥미를 가질 만한 공상과학 오페라나 새로운 버전의 오페라도 꾸준히 연구하고 제작하고 있습니다. 오페라 강국의 저력은 바로 이렇게 다양한 힘들이 모여 미래의 관객이 될 어린이들을 키워낸 데서 비롯된 것입니다.

이렇듯 어떤 예술 장르, 특히 전통 예술에 대해 어렵고 멀게 느끼느냐, 친근하고 편하게 느끼느냐는 어려서부터 어떻게 접해왔느냐에 달렸다고 할 수 있습니다. 그래서 어렵고 지루하게 느끼는 오페라나 국악도 어릴 때부터 독일 어린이들처럼 접할 수 있다면 크게 달라지지 않을까 하는 아쉬움이 생깁니다.

최근 우리나라에서도 아이들에게 전통 예술을 포함하여 다양한 장르를 재미있게 접할 수 있는 양질의 콘텐츠와 환경이 제공되어야 한다는 인식이 점차 확산되고 있습니다. 특히 국립국악원에서는 관객층을 영유아까지 크게 확대하여 아이들을 위한 우수한 극본과 연주, 연기가 어우러지는 어린이 국악극을 선보이고 있습니다. 학이 키운 아이, 오늘이의 여정을 통해 시간의 소중함과 사랑의 의미를 깨닫게 해주는 〈오늘이〉와 환경오염으로 쫓겨난 도깨비들이 사람들에게 환경보호의 중요성을 알려준다는 〈솟아라 도깨비〉 등이 대표작이며, 또 공연을 보러 오기 힘든 영유아 부모들을 위한 '유모차 음악회'도 준비 중에 있다는 반가운 소식도 들려옵니다. 어린아이들은 국악을 지루해하고 낯설어 할 것이라는 편견이 있었지만 국악극 〈오늘이〉는 2008년 초연 이래 5년간 전석 매진을 이어가고 있습니다.

독일은 전통 예술인 오페라를 사랑하는 나라입니다. 그래서 어린이 오페라에 대한 투자에 대해서도 확실한 명분을 갖고 있습니다. "어릴 때부터 오페라를 본 아이만이 커서도 오페라를 즐길 수 있다."는 것이지요. 우리는 섣부른 편견이나 판단으로 아이들의 잠재력을 저평가해서는 안 됩니다. 오히려 독일처럼 미래의 관객을 키우기 위해, 또 우리 아이들이 더 건강한 창조력과 회복력을 갖추며 성장할 수 있게 하기 위해 지역사회와 학교, 국가가 힘을 합쳐 양질의 예술을 접할 수 있게 도와줘야 합니다. 아이들이 자신의 개성과 취향을 갖기 전까지는 다양한 예술 환경을 제공해주는 안내자로서 부모와 학교, 국가(사회)의 역할이 그 무엇보다도 중요합니다

예 술 로
품 어 야 할
아 이 들

예술은 가정, 마을, 학교, 그 어디에서든 누구에게든 공평하고 자유
롭게 열려 있어야 합니다. 그런데 조금만 시선을 돌려 보면 우리 주
변에는 사회·경제적으로는 물론 문화예술적 사각지대에 머물러
있는 아이들이 많습니다. 이런 아이들에겐 예술보다는 기본적인
의식주나 교육이 우선되어야 하는 게 아니냐고, 또는 예술이 어떻
게 그 아이들에게 도움을 줄 수 있겠느냐고 의문을 제기할 수도 있
습니다. 하지만 선진국들의 복지 정책을 살펴보면 단순히 의식주
해결을 위한 경제적 지원만이 아닌 불우한 환경의 아이들이 자존
감과 열망을 회복할 수 있도록 돕기 위한 문화예술 복지에 그 방향
을 맞춰가고 있습니다.

소외계층의 아이들이 어려운 환경을 극복할 수 있도록 자존감이나 자기회복력과 같은 내면의 힘을 키워주고, 건강한 공동체의 일원으로서 서로 돕고 소통하며 함께 성장할 수 있게 도와주는 것이 중요합니다. 수많은 학자들은 다른 무엇보다 예술이 그 역할을 훌륭히 해낼 수 있다고 이야기합니다. 세계적인 예술교육자이자 영국의 시인인 허버트 리드Herbert Read는 예술을 통해 건강하고 조화로운 사회가 가능하다는 예술교육 이론을 주창하였습니다. 그는 모든 사람들이 가진 자기표현 욕구가 억압될 때 각종 사회병리 현상이 생기므로 그것을 표현하고 즐기도록 예술을 통해 욕구를 충족시켜줘야 한다고 말합니다. 또한 예술은 아이들의 마음속에 있는 공감과 사랑을 아이들 각자가 지닌 독특한 본성으로부터 지혜롭게 끌어내는 힘이라고 믿고, 모든 아이들에게 평등하게 예술교육이 필요하다 점을 강조하였습니다. 독일의 사상가이자 발도르프 교육의 창시자인 루돌프 슈타이너Rudolf Steiner도 예술교육을 통한 모든 아이들의 전인교육과 내면교육을 강조하였습니다. 아이들 내면에 잠재되어 있는 인식 능력을 예술이 키워주어야 표면적이고 감각적인 세계뿐만 아니라 정신과 영혼의 세계까지 아이들이 조화롭게 경험하며 자랄 수 있다는 것입니다.

최근 우리나라를 비롯한 여러 나라에서 학교에 적응하지 못하고 학교를 떠나 방황하는 탈학교 아이들이 사회문제가 되고 있습니다. 그런데 유럽위원회의 교육문화 부서에 의해 개설된 유럽문

화 전문가 네트워크에서 발표한 연구보고서[12]에 의하면, 예술교육
은 아이들의 반사회적인 행동을 줄여주고 교사와 학생 간의 정서
적 소통과 학교와의 관계를 개선시켜준다고 합니다. 또한 아이들
이 학교와 지역이라는 공동체에 대해 관심과 애정을 갖도록 긍정
적인 영향을 미친다고 합니다.

ADHD나 정서적 어려움을 겪는 아이들을 위한 치료에도 예술
교육이 좋은 효과를 보입니다. 한국문화예술교육진흥원과 서울대
학교병원이 함께한 '예술교육의 효과'를 분석한 연구[13]에 따르면,
예술교육은 아이들의 문제행동(특히 공격성이나 외현화 문제, 주의력 결핍
과 반항·비행 행동 등)을 비롯해서 아동우울증을 감소시키는 데 효과
가 있는 것으로 나타났습니다. 예술교육이 아이들의 인지기능뿐만
아니라 뇌의 구조적·기능적 역할에도 변화를 일으킨다는 사실이
입증된 것입니다.

이렇듯 예술은 아이들의 감수성과 창의성을 높여주는 역할뿐만
아니라 좀 더 폭넓게 보면 아이들이 사회 구성원으로 건강하게 성
장할 수 있게 도와주는 중요한 역할을 합니다.

---

12 "The Role of Arts Education in Enhancing School Attractiveness", European Expert Network on Culture(EENC), 2012.

13 〈2013 융합적 접근을 통한 문화예술 교육 효과분석 연구〉, 서울대학교병원. 한국문화예술교육진흥원, 2014.

소외된 아이들에게
다가가는 예술　　　　　세계 여러 나라들에서는 문화예술
소외계층의 아이들을 위한 전문적이고도 다양한 예술 프로그램을
진행하고 있습니다. 기업들이 문화예술을 공익 차원에서 지원하는
메세나 활동의 일환이나 정부나 지자체 주도로, 또는 비영리 예술
단체나 예술가들의 자발적인 노력으로 곳곳에서 크고 작은 노력들
이 이뤄집니다.

　국내외 다양한 예술 지원 프로그램들은 그 아이들이 예술을 통
해 자존감과 삶에 대한 열망을 갖게 함으로써 정신적으로든 물리
적으로든 자신의 처한 어려움을 벗어날 의지와 목표가 생기도록
돕고 있습니다. 1975년 베네수엘라에서 시작된 오케스트라 '엘
시스테마El Sistema' 프로젝트가 그 대표적인 사례입니다. 엘 시스테
마는 사회경제적으로 가장 취약한 아이들에게 음악을 가르치고 오
케스트라에 참여하게 하여 아이들의 삶과 환경을 극적으로 바꾼
강력한 문화예술(음악) 복지 프로젝트입니다. 베네수엘라는 하루
30여 명이 총에 맞아 죽고, 사회적으로 폭력과 매춘, 마약 등이 심
각한 도시였습니다. 더구나 아이들에게는 생명과 안전이 전혀 보
장되지 못하는 정말 위험한 도시였습니다. 그런 도시의 아이들이
악기를 손에 들고 오케스트라 교육을 받게 되면서 아이들은 음악
적 화음뿐만 아니라 삶에서의 화음까지도 맞춰나갈 수 있는 힘을
얻게 되었습니다 마약이나 범죄에 빠지는 아이들이 눈에 띄게 줄

었을 뿐만 아니라, 아이들은 책임감과 협동심, 그리고 삶에 대한 열망을 키워나갔습니다. 이 엘 시스테마 프로그램은 전 세계로 퍼져나가 현재는 우리나라와 미국을 비롯한 전 세계 55개국에서 연간 30만 명 이상의 아이들이 참여하고 있으며, 수많은 아이들의 삶과 지역사회를 변화시키고 있습니다.

1996년 유네스코가 만든 드림센터D.R.E.A.M Center 프로젝트는 분쟁지역과 같이 예술교육의 접근이 어려운 사각지대의 어린이들을 위해 운영되는 예술교육 프로그램으로, DDance:춤, RRead:읽기, EExpress:표현하기, AArt:예술, MMusic:음악 다섯 장르를 중심으로 합니다. 중남미의 최빈국 아이티에서는 거리 생활을 하는 청소년들을 위해 미술과 무용, 연극과 공예 수업을 진행하기도 하고, 대표적인 내전국가 팔레스타인에서는 아이들의 정신적 장애를 치유해주는 연극 프로그램을 진행하는 등 예술을 통해 아이들의 자존감 회복과 기본적인 삶으로의 복귀가 함께 이뤄질 수 있도록 돕고 있습니다. 또, 문화예술 시설이 없는 도서산간 지역의 아이들과 가난이나 질병 등의 이유로 인해 예술을 접하지 못하는 아이들에게 양질의 예술을 경험할 수 있는 기회를 제공하기도 합니다.

우리나라에는 복권기금으로 운영되는 문화순회사업 '신나는 예술여행'이라는 프로그램이 있습니다. 매년 200여 개의 예술 단체가 문화예술 인프라가 부족한 소외지역과 저소득층을 찾아다니며 공연과 전시, 문학 등 다양한 작품을 통해 아이들과 소통합니다.

by Ministério da Cultura @ flicker

1975년 베네수엘라에서부터 시작한 엘 시스테마(El Sistema)는 가장 취약한 아이
들에게 음악을 가르치고 오케스트라에 참여하게 하여 아이들의 삶과 환경을 극적으로
바꾼 음악 프로젝트로 현재는 전 세계 55개국에서 소외된 아이들의 삶과 지역사회를
바꿔나가고 있다.

도서산간 지역에 사는 아이들을 위해 찾아가는
문화예술 교육 '움직이는 예술정거장'

예술을 쉽게 접할 수 없는 나라의 어린이들을 위한 예술
교육 기반을 만들어보자는 취지에서 몇몇 예술계 지인들
과 함께한 '예술 먹이기 운동'

2004년부터 지금까지 전국 각지에서 활발히 진행 중인 '신나는 예술여행' 프로그램을 통해 병원에서만 지내던 아이가 처음으로 바이올린의 선율을 직접 들을 수도 있고, 섬에 사는 아이가 처음으로 뮤지컬을 보게 되기도 합니다. 그 밖에 도서산간 지역에 사는 아이들을 위해 예술교육 버스를 활용하는 '찾아가는 문화예술 교육 움직이는 예술정거장' 사업과 다문화 가정과 이주민 자녀들이 예술을 매개로 자존감과 사회성을 높일 수 있도록 도와주는 '무지개 다리 사업' 등이 활발히 진행되고 있습니다.

문화예술 소외계층의 아이들을 위해 사회적으로 마련된 예술교육 지원 프로그램들이 갖는 의미와 가치는 하나입니다. 어느 곳에서든 누구에게든 모두가 공평하고 자유롭게 예술을 누려야 한다는 것. 미래의 주인이 될 세상 모든 아이들에겐 더욱더 그리해야 함은 두말할 필요가 없습니다. 우리는 예술을 평등하게 향유할 아이들의 권리를 지켜줄 의무가 있습니다. 그래서 아이들이 예술을 접할 수 없는 상황이라면 예술이 직접 아이들을 찾아나서는 수고와 노력을 아끼지 말아야 합니다.

CHAPTER 4

예술 감상 교육

아는 만큼 보이고,
느낀 만큼 가까워진다

감정을 상기시키는 것, 상기시킨 감정을
움직임과 선, 색, 소리와 단어로 표현된 이미지를 통해
다른 사람도 동일한 감정을 경험하게끔 전달하는 것,
예술 활동은 이 속에 존재한다.
레프 톨스토이

예술은 보는 이의
마음 속 에 서
완 성 된 다

흔히 '예술교육'이라고 하면 대부분은 피아노학원이나 미술학원, 방과 후 예술 수업 정도를 떠올리게 됩니다. 그러나 예술교육은 작품을 감상하는 '감상 교육'과 직접 예술 활동을 하는 '참여 교육'으로, '참여 교육'은 다시 새로운 작품을 만들어내는 '창작 교육'과 악기 연주나 미술 기법 등을 배우는 '기능 교육'으로 나뉜다고 할 수 있습니다.

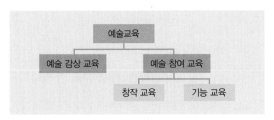

감상 교육은 아이의 예술교육에서 아주 중요한 축을 담당하고 있습니다. 예술교육을 언어교육에 비추어보자면, 우리가 처음 영어를 배우던 때와는 달리 요즘에는 문법보다 듣고 말하기부터 시작하는 것을 좀 더 효과적인 영어 교육이라 보는 것처럼, 예술교육도 감상 교육을 통해 우선 예술을 쉽고 가깝게 느끼고 생활 속에서 접하도록 하는 것이 더 중요하다고 할 수 있습니다. 아이에게 갑자기 바이올린을 쥐어주거나 무용학원에 보내는 것은 동기 부여와 교육 효과라는 두 가지 측면에서 모두 바람직하지 못합니다. 바이올린을 배우려는 아이에게는 연주곡을 자주 들려주거나 바이올린 공연을 함께 찾아보고, 또 발레를 하려는 아이에게는 예쁜 발레복을 입고 날아오르는 발레리나의 공연 모습을 자주 보여주어 아이로 하여금 그렇게 하고 싶은 동기와 꿈을 북돋워주고, 예술의 감동과 가치를 먼저 일깨워주는 것이 중요합니다. 이제는 예술교육 하면 피아노학원이나 미술학원만 떠올리던 고정관념을 완전히 버려야 합니다. 예술이 악기 연주나 그림그리기가 전부가 아닌 것처럼 예술교육도 기능과 기법을 익히는 것만이 전부가 아니기 때문입니다.

예술 감상은 시대를 초월하는 공동의 작품이다

예술 감상 교육은 예술 참여 교육을 위한 사전 교육도, 사교육이 필요한 또 다른 영역도 아닙니다. 예술이 우리의 삶 속에 자리 잡게 해 일상에서 늘 가까이 접할 수 있을 때, 그런 예술을 그저 바라보고 듣고 즐기고 공감하는 감상 교육이 자연스럽게 이루어집니다. 아이가 한 예술 작품을 만난다는 것은 시공간을 뛰어넘어 작품의 세계와 그 시대의 예술가를 함께 만나는 여정 속으로 들어가는 것입니다. 공연장이나 전시장 등 감상의 공간에 있는 아이는 작품을 대할 때 일대일의 몰입 상태가 됩니다. 인형극에서 인형이 웃고 우는 장면에 따라 아이는 스스로 자신의 감정을 바라보기도 하고, 화가의 알록달록한 추상화를 보면서 마음속 상상의 조각들을 연결해보기도 합니다. 그 순간 아이는 부모나 교사라 할지라도 함부로 개입할 수 없는 가장 창조적이고도 감성적인 시간을 경험하게 됩니다. 이를 통해 아이는 예술가와 작품이 이야기하고자 하는 바를 오롯이 자신만의 것으로 재창조해냅니다. 예술 작품은 무대 위나 캔버스 위에서 완성되는 것이 아니라 보는 사람의 마음속에서 완성된다는 말이 바로 이런 의미일 것입니다. 그런 관점에서 볼 때 아이에게 악기부터, 물감부터 건네준다는 것은 어쩌면 내용도 영혼도 없는 예술교육의 빈껍데기는 아니었는지 되돌아보게 됩니다.

예술 감상은 예술교육의 필요충분조건

초등학교 5학년인 한 남자아이는 피아노학원도 미술학원도 모두 시큰둥했습니다. 악기나 그림, 뭐라도 한 가지쯤 잘했으면 하는 엄마의 욕심에 이것저것 시켜보았지만 아이는 그 무엇도 재미없어 했습니다. 그런데 내성적인 성격의 그 아이가 흥미를 보였던 건 바로 재즈였습니다. 좀 더 자세히 말하자면 재즈를 연주하는 게 아니라 재즈를 듣는 것이었습니다. 아이는 아빠가 수집해놓은 재즈 음반을 즐겨 들었는데, 그러다 보니 재즈를 시대별로 구별하기 시작하였고 재즈 연주자들의 특징까지도 알아낼 정도였습니다. 재즈를 즐겨 듣는 것은 아이의 감성과 정서에 큰 도움이 되었고, 그것만으로도 예술이 주는 위로와 선물을 충분히 받으며 건강하게 자랄 수 있었습니다.

악기 하나쯤은 다룰 줄 아는 아이로 키우고 싶은 부모 마음에 피아노와 바이올린도 가르쳐봤지만 막상 흥미도 재능도 발견하지 못하는 아이를 보며 많은 부모들은 내심 실망하게 됩니다. 하지만 우리가 기대하듯이 모든 아이들이 악기를 하나씩 연주하거나 그림을 그리거나 춤을 추거나 남 앞에서 연기하기를 좋아할 거라는 생각은 사실 환상에 가깝습니다. 수줍은 아이도 있고 관찰하기를 좋아하는 아이도 있고 혼자만의 세계를 즐기는 아이도 있습니다. 그것은 틀린 것이 아니라 다른 성향을 가지고 있을 뿐입니다. 다소 내성적인 성격의 아이가 직접 악기를 연주할 줄은 몰라도 음악 듣기를 즐기며 그 음악에 감동을 받고 위안을 얻을 수 있다면, 악기 하나 연주하지 못하고 그림을 잘 그리지 못한다고 해서 예술교육에 실패한 것은 아닐 것입니다. 오히려 그 누구보다 창조적이고 멋지게 예술을 즐기고 있는 것입니다. 이렇게 예술 감상만으로도 예술을 인생의 훌륭한 벗으로 삼기에 충분합니다.

언어교육의 목적이 언어를 의사 표현이나 소통의 도구로서 잘 사용하기 위한 것이듯 예술교육의 목적도 예술을 인생의 도구로 보다 잘 활용하는 데 있습니다. 감상 교육만으로도 부족함 없는 예술교육의 필요충분조건이 될 수 있다는 것입니다. 어릴 때부터 폭넓게 예술을 접하고 깊이 있는 예술 감상을 하다 보면 저절로 모방하고 창조하고픈 욕구도 함께 생겨날 수 있습니다. 그제야 비로소 직접 만들거나 연주하는 '예술 참여 교육'이 의미가 있고, 미술학원이나 피아노학원도 필요한 것입니다.

예술의 다양성을 즐길 수 있는 예술 근육

예술 감상 교육에서 부모나 교사들이 가장 어려워하는 것 중 하나는 바로 '아이들의 수준에 맞춰서 어떤 작품을 보여주어야 하는가?'입니다. 아이들이 선호하는 것과 부모와 교사가 선호하는 것이 다르기도 하고, 또 아이들이 생각하는 예술과 부모와 교사가 생각하는 예술이 다를 수도 있기 때문입니다. 하지만 아이들이 자신의 취향을 갖게 되기 전까지는 다양한 예술 장르를 접할 수 있게 해주는 것이 매우 중요합니다. 그러기 위해서 무엇보다 먼저 필요한 것은 아이들이 언제든지 손쉽게 풍부한 예술적 경험을 할 수 있는 환경을 만들어주는 일입니다.

예술 교육을 받아본 경험이 없는 사람은 흔히 접하는 예술 장르가 영화와 대중음악(가요, 팝송)에만 편중되어 있지만, 폭넓은 문화 예술 교육을 받으며 성장한 사람은 클래식과 뮤지컬, 무용과 국악 등 다양한 영역과 장르에서 예술을 향유하게 된다는 연구 결과[14]가 있습니다. 결국 예술의 다양성을 즐길 수 있게 하는 예술 근육을 키워주는 것은 어떤 작품을 보여주어야 하는가보다 예술적 경험이 얼마나 폭넓고 풍부한가에 의해 결정된다고 할 수 있을 것입니다.

대부분의 어린아이들은 쉽고 직관적인 것을 더 선호합니다. 명화보다는 만화를 좋아하고, 클래식이나 국악보다는 가요를 좋아합니다. 고전문학보다는 로맨스 소설이나 판타지 소설을 선호하고, 발레나 현대 무용보다 아이돌 그룹의 최신 유행 댄스를 좋아합니다. 미술 시간이나 음악 시간에 점수를 얻기 위해 외웠던 클래식(고전) 작품들을 지루하고 고리타분하다고 생각하기 때문에 음악뿐 아니라 문학이나 미술에서도 고전 작품 접하기를 꺼려합니다.

그러나 상업적이고 천편일률적인 대중예술만으로 상상력이나 창의력을 충분히 키우기에는 부족합니다. 어린아이에게 수준 높은 예술을 접하게 해주는 것은 매우 중요합니다. 로맨스 소설도 좋지만 고전문학 작품을, 만화도 좋지만 시대와 작가의 철학이 담긴 명화를, 아이돌 그룹의 노래도 신나지만 아름다운 선율의 오페라 아리아를 경험해볼 수 있는 기회는 누구든 공평하게 누릴 수 있어야

---

14 〈문화예술 교육이 시민문화의식수준에 미치는 영향에 관한 연구: 부천시 사회문화예술교육을 중심으로〉, 김송아, 2010, 서울시립대학교 대학원 석사학위논문.

합니다. 아이가 자신의 예술적 취향을 갖기도 전에 부모와 교사가 아이의 예술 감상 수준과 능력을 저평가해서는 결코 안 됩니다. 아이가 어리기 때문에 클래식보다 동요를 더 좋아할 것이라고 판단하거나, 명화보다는 만화를 더 흥미롭게 볼 것이라는 등의 편견을 경계해야 합니다.

이런 편견은 어쩌면 어른들의 취향에 따른 것일지도 모릅니다. 우리가 예술을 어렵고 재미없게 느끼다 보니 아이도 어려워할 것이라고 미리 판단하고 적용하는 것입니다. 그러나 부모가 수학을 싫어하고 영어를 어려워한다고 해서 아이에게 공부하지 말라고 하거나 안 해도 된다고 얘기하는 부모는 없을 것입니다. 오히려 흥미를 붙일 수 있도록 다양한 수준의 예술을 접할 기회를 제공해주는 것이 아이들에게 필요합니다. 예술이 멀고 어렵게 느껴지는 한국 사회에서 우리 아이들만큼은 좀 더 재미있고 유익하게 예술을 접할 수 있게 해주고 싶다면 그만큼 더 큰 노력이 필요한 것입니다.

아이의 예술 근육을 키우는 방법

아이들이 쉬운 동요나 만화에만 반응할 것 같지만 꼭 그렇지만은 않습니다. 아이들이 놀 때 클래식이나 국악, 재즈 등의 다양한 공연 실황 영상이나 음악을 틀어놓는 것은 다양한 장르를 친숙하게 만드는 한 방법이 될 수 있습니다. 지금까지는 아이가 좋아하는 유명 캐릭터가 나오는 만화영화나 교육방

by RTLibrary @ flicker

by conxa.roda @ flicker

송만 보여주었다면, 하루에 한 번 혹은 일주일에 두세 번은 작품성
이 높은 공연 실황을 단 10분만이라도 보여주길 권합니다. 어떤 아
이는 유명 발레단의 공연 실황을 보며 자연스레 발레 동작을 따라
하기도 하고, 또 어떤 아이는 오케스트라의 공연 실황을 보며 나무
젓가락을 지휘봉 삼아 눈을 감고 지휘자 흉내를 내기도 할 것입니
다. 아이의 나이에 따라 집중하는 시간은 다를 수 있겠지만 어른들
이 생각하는 것 이상으로 아이들이 공연 실황을 즐겁게 보는 경우
가 많습니다.

　최근에는 어린이 공연들이 유튜브와 같은 동영상 사이트에 올
라와 있기도 하고, 우수한 뮤지컬이나 클래식, 발레, 국악 공연은
공연 실황이 CD로 제작되어 판매되기도 해서 좋은 공연들을 손쉽
게 접할 수 있습니다. 아이에게 양질의 공연을 집에서 자주 감상할
수 있게 해주면 아이가 TV 만화영화와는 다른 감동과 울림을 경험

할 수도 있고, 훗날 공연장을 찾았을 때 극장 환경이나 분위기에 미리 익숙해질 수 있을 것입니다.

예술 근육을 키우기 위해서는 다음 두 가지 또한 기억해야 합니다. 바로 다양성과 단계성입니다. 신체 근육을 키우기 위한 근력 운동에 비유를 하자면, 여러 부위의 근육 발달을 위해 다양한 운동을 해야 한다는 것이 다양성이고, 양질의 근육을 위해 차츰차츰 운동의 강도를 높여 나가야 한다는 것이 단계성입니다. 음악의 경우, 다양성을 위해 여러 종류의 악기와 다양한 장르(재즈, 클래식, 국악, 동요, 대중음악, 제3세계 음악 등)를 접할 수 있게 해주는 것이 좋습니다. 더불어 처음에는 보다 쉽고 친근한 곡 위주로 감상하다가, 점차 새롭거나 좀 더 수준 높은 곡에 도전하면서 단계성을 높여가는 것도 중요합니다. 공연 감상에서도 아이가 좋아한다고 해서 유명 캐릭터 뮤지컬만 계속 보여줄 것이 아니라 아이가 성장함에 따라 좀 더 다양한 장르(무용극, 인형극, 음악극, 국악극 등)를 접하게 해주고, 또 보다 수준 높은 공연(클래식 공연, 현대무용 공연, 연극 등)을 감상할 수 있게 해주어야 합니다. 한꺼번에 운동을 많이 한다고 해서 단시간에 근육을 키울 수 없는 것처럼, 예술 근육도 어릴 때부터 단계적이고 폭넓은 예술 경험을 통해 키워나갈 수 있습니다.

공연·전시장과 친숙해지려면

어린 시절에 한 번쯤은 피아노학원과 미술학원을 다녀봤을 30, 40대의 부모들, 그래서인지 대부분은 아이들이 양질의 예술을 경험하고 자랐으면 하는 욕구를 갖고 있습니다. 이런 욕구에 부합하듯 백화점이나 대형마트 문화센터에서는 갓 돌 지난 아기들을 대상으로 '옹알이 발레'나 '쁘띠 보자르'같이 다양한 예술 강좌를 기획하기도 하고 소극장을 만들어 어린이 공연을 선보이기도 합니다. 하지만 막상 그런 장소에 아이들을 직접 데려가려면 여러 문제들을 고려해야 하므로 아직도 많은 사람들이 망설이게 됩니다.

이런 어려움의 대부분은 공연·전시장의 문턱을 너무 높게 생각하기 때문입니다. 성인을 대상으로 하는 클래식 공연이나 고급 갤러리에서 진행하는 전시의 경우 어느 정도의 예술적 소양과 에티켓이 필요할 수도 있겠지만 어린이를 대상으로 하는 공연과 전시, 체험전은 사실 부모들이 염려하는 것보다 훨씬 더 그 문턱이 낮습니다. 어른들 공연에서는 상상도 할 수 없는 귀엽고도 다양한 사건들이 어린이 공연장에서는 늘 벌어지게 마련입니다. 그런 일이 일어난다고 해서 공연·전시장에서 아이를 쫓아내거나 혼내지 않습니다. 보호자를 이상한 눈으로 보거나 비난하지도 않습니다. 그런데도 여전히 아이가 울면 남들에게 민폐가 될까 봐, 그래서 티켓 값도 못 건지고 나오게 될까 봐 걱정스러워 선뜻 아이와 함께 나서지 못하는 경우가 많습니다.

이럴 때는 먼저 아이가 공연·전시 공간을 친숙하게 느끼도록 해주면 도움이 됩니다. 대부분의 공연장과 미술관은 넓은 앞마당이나 로비, 카페테리아 등의 부대시설을 갖추고 있습니다. 이 가운데 국가나 시에서 운영하는 시설들은 공공의 자산이기 때문에 유료 관람을 하지 않더라도 앞마당 등의 부대시설에서 시간을 보내는 것이 충분히 가능합니다. 단, 텐트나 돗자리를 펴는 것은 허용되지 않는 곳이 많습니다. 예술의 전당 안에 있는 광장에서 음악분수 쇼를 본다든지 서울시립미술관의 정원에서 다양한 조각과 꽃들을 보는 것은 돈을 들이지 않고도 충분히 즐길 수 있는 예술 체험이 됩니다. 아이가 어려서부터 공연장과 미술관을 즐겁고 친숙한 공간으로 인식하게 된다면, 나중에 관람할 수 있는 시기가 되었을 때 장소에 대한 불편함이나 부담감은 크게 줄어들 수 있습니다.

아이에게 알맞은 공연 · 전시의 선택과 관람

세상에서 가장 어려운 구매는 무엇일까요? 다양한 대답이 나오겠지만 제 경우에는 선물 사기가 가장 어려운 구매가 아닐까 합니다. 제가 직접 사용할 물건을 고르는 것은 어렵지 않지만 받는 사람의 취향을 고려해야 하는 선물 고르기는 무척이나 까다로운 일이기 때문입니다. 아이를 위한 공연이나 전시도 마찬가지라고 생각됩니다. 선택과 구매는 대부분 부모와 교사가 하지만 실제로 관람을 즐기고 감동을 얻을 사람은 아이들이기 때문입니다. 부모가 힘들게 예매해서 찾아간 공연을 아이가 재미없어 하거나 보지 않겠다고 짜증을 부린다면 시간과 비용을 낭비한 것 이상으로 부모의 마음도 상해버리게 마련입니다. 한 해 2,000건 가까이 쏟아져나오는 어린이 공연과 전시 가운데 어떤 작품을 어떻게 골라야 부모와 아이 모두 만족할 수 있을까요? 아이를 위한 좋은 작품과 아이에게 알맞은 작품을 제대로 선택하고 관람하기 위해서는 가장 먼저 아이의 연령 및 발달단계를 고려해야 하고, 아이의 성격과 특성(성향), 성별 등을 염두에 두어야 합니다.

박수칠 수 있나요?
그럼 시작하세요!

아이가 공연, 전시 관람을 할 수 있는 시기는 '박수만 칠 수 있으면 언제든 가능하다!'고 말할 수 있습니다. 아이들은 일반적으로 생후 6개월이 지나면 잼잼, 곤지곤지와 함께 박수를 칠 수 있게 됩니다. 그렇다고 아이가 생후 6개월이 지나 박수를 칠 수 있게 되었으니 당장 공연장으로 데려가도 된다는 뜻은 아닙니다. '박수만 칠 수 있으면 예술 관람을 시작하라'는 말은 바로 자신의 감정을 드러내고 표현할 수 있는 시기를 뜻합니다. 자아 개념을 가지고 감정과 리듬, 박자 등을 표현할 수 있게 된다면 그때부터 아이의 박수는 '감탄'과 '감동'으로 해석할 수 있기 때문입니다.

예쁜 것을 보면 좋다고 하고 즐거운 음악을 들으면 흥겨워하는 것과 같이 자극에 대해 반응하고 감탄할 줄 아는 정서는 아이뿐만 아니라 어른들에게도 예술 감상에 있어 가장 중요한 조건이라고 할 수 있습니다. 그 시기를 정확하게 몇 개월부터라고 규정하기는 어렵습니다. 그것은 아이마다 차이가 있는 만큼 평소에 아이를 가까이에서 지켜본 사람만이 가장 잘 알고 판단할 수 있습니다. 그런데 국내 대부분의 어린이 공연은 24개월 이상을 관람 연령으로 정하고 있습니다. 하지만 실제로 아이들이 박수를 치고 감탄할 수 있는 시기는 24개월보다도 더 빠르다고 봅니다. 최근 해외에서 3세 미만의 아이들을 대상으로 '베이비 드라마'가 붐을 일으키고 있는 것이 이를 증명한다고 볼 수 있습니다. 국내에서도 뜻있는 몇몇 극단에서 베이비 드라마를 공연하기 시작하였고, 국립현대미술관 등에서 진행되는 대형 전시회도 어른(보호자)만 티켓을 구입하면 아이를 안고 함께 전시를 관람할 수 있습니다. 그러므로 아이가 이제 박수를 제법 잘 친다면, 또 감정 표현을 하고 예쁘고 좋은 것을 보고 들으며 감탄하기 시작했다면 아이와 함께 가볼 만한 전시·공연장을 하나둘 찾아다녀 봐도 좋습니다. 감탄할 줄 아는 아이, 박수칠 줄 아는 아이는 이미 좋은 관객이 될 준비를 마친 것입니다.

연령 발달단계에 따른 공연·전시 선택 및 감상

아이와 함께 감상할 예술 작품을 고를 때, 아이의 연령과 발달단계에 따라 알맞은 작품을 선택하는 것이 중요합니다. 스위스의 아동심리학자 피아제는 아이의 사고가 단계를 가지고 발달한다고 말합니다. 어른의 눈에는 이해가 안 되는 말이나 행동도 아이의 인지 발달단계에서는 충분히 그럴 수 있다는 것입니다. 부모와 교사는 아이의 발달단계에 따른 특성을 이해하고 그에 알맞은 활동을 할 수 있게 환경을 만들어줘서 아이가 잘 성장하도록 도와주어야 합니다. 공연과 전시 관람을 제대로 활용한다면 아이의 원만한 성장 발달을 돕는 데 도움이 될 수 있습니다. 아이의 연령과 발달단계에 따른 공연·전시의 장르와 소재, 관람 방법 등을 살펴보겠습니다.

❶ 3~4세, 상상과 호기심 채우기

3~4세는 집중력이 높아지면서 관심 있는 것은 조금 더 오래 볼 수 있는 시기입니다. 공연이나 전시 관람을 시작하기에 적당한 시기라고 볼 수 있습니다. 이 나이대의 아이들은 노래나 음률, 박자가 반복되는 것에 귀를 기울이므로 공연의 경우 쉬운 노래나 동요, 율동이 어우러진 작품이 좋습니다. 아직은 현실 속에 상상의 세계를 꾸려가고 있기 때문에 동물이나 사물 친구들이 나오는 공연이나 초현실적인 상상의 이야기를 주제로 한 공연, 캐릭터가 주인공인 공연을 보다 즐겁게 볼 수 있습니다.

전시의 경우는 네모, 세모 등 단순한 도형을 그리는 시기이기 때문에 선과 면, 색상, 도형, 구조 등이 간결하면서도 명확한 작품들이 있는 전시에 좀 더 집중할 수 있습니다. 호기심이 많아 "이게 뭐야?" "왜?"라는 질문도 많아지는 때이므로, 공연이나 전시를 감상하기 전후에 호기심을 충족해줄 수 있는 대화를 많이 나눌수록 좋습니다. 더불어 이때의 경험들이 앞으로의 감상 태도에 큰 영향을 주는 만큼 공연이나 전시 관람이 재미있고 즐거운 것으로 인식될 수 있게 해줘야 합니다.

❷ 5~7세, 이야기의 세계로

이 나이대의 아이들에게는 전래 동화나 설화를 주제로 한 공연을 추천합니다. 선악에 대한 개념이 분명해지고 현실과 상상의 세계를 함께 넘나들기 때문에 권선징악이 명확하고 기승전결의 긴장감이 높은 전래 동화가 적합하다고 할 수 있습니다. 또, 글을 읽기 시작하기 때문에 평소 좋아하던 동화책이 공연으로 각색되어 나온다면 찾아보는 것도 좋습니다. 자기중심적인 세계관에서 조금씩 벗어나기 때문에 타인과의 관계에 대한 이야기나 자기와 비슷한 또래에 대한 이야기도 관심을 가질 수 있습니다. 러닝타임이 1시간 이내라면 음악이나 무용 등 다양한 장르의 공연도 관람이 가능합니다.

미술에 있어서는 점차 사람을 그리는 일이 많아지는 만큼 다양한 방식으로 사람을 표현한 작가들의 전시를 관람하는 것이 좋습니다. 그림을 보며 함께 이야기를 만드는 것도 좋고, 그림 속의 상황이나 갈등을 상상해보도록 하는 것도 좋습니다. 또 색채에 대한 관심이 커지는 시기이니 다양한 색상을 사용한 작품을 보여주고, 평면에서 벗어나 조각이나 설치미술 등 새로운 재료, 도구 등을 활

용한 전시를 경험하게 하여 상상력을 자극해줍니다. 또한 이 시기
는 여러 가지 습관이 형성되는 중요한 시기인 만큼, 일상적으로 클
래식을 듣거나 그림을 감상하는 습관을 길러주면 생활 속에서 자
연스럽게 예술을 가까이하고 즐길 수 있게 됩니다. 아이가 간식을
먹을 때나 놀이를 할 때면 보든 안 보든 오케스트라나 발레 등의
공연 실황 DVD를 틀어놓는 것도 좋습니다.

❸ 초등학교 1~3학년, 사회 속에서의 갈등과 성장

아이가 학교에 다니기 시작하면 본격적으로 사회성을 배우게
됩니다. 규칙과 규범을 익히고 부모와의 관계보다 친구들과의 관
계가 중요해지는 시기이니만큼 공연의 소재도 집단 속에서의 갈등
과 성장을 그린 것이 도움이 됩니다. 또 상상을 벗어나 현실에 초점
을 맞추게 되는 시기로 지혜로움이나 선과 악, 정의와 진실을 알게
해주는 주제의 공연이 좋습니다. 1시간이 넘어가는 클래식이나 발
레 등의 공연도 사전에 관심을 갖게 할 수 있다면 부모와 함께 관
람이 가능할 때입니다.

미술 전시에 있어서는 사실적인 명화를 보고 이해할 수 있는 시
기입니다. 자라면서 점차 상상의 세계보다 사물이나 사람, 상황을
보다 사실적으로 그리거나 보려고 하는데, 명암이나 질감 등에 대
한 내용을 같이 살펴보면서 감상하면 도움이 됩니다. 더불어 이때
부터는 가정에서 스스로 음악을 듣거나 그림을 보는 등의 감상 계

획을 짤 수 있게 유도해주면 좋습니다. 단, 부모가 꾸준히 함께 참여하고 관리해줘야 아이의 습관으로 자리 잡을 수 있습니다.

❹ 초등학교 4~6학년, 지적 욕구와 또래 관계

조숙한 아이들은 2차성징이 시작되는 시기입니다. 지적 탐색과 습득이 활발해지고 성 역할에 대한 인식이 생기므로 성교육 공연이나 학습에 관련된 과학 공연 등이 교육 효과를 볼 수 있습니다. 무엇보다 학교나 학원 등의 사회 속에서 자신의 역할을 인식하고 또래 관계가 매우 중요한 시기이므로 우정이나 질투, 배신이나 지도력 등을 다룬 내용이라면 연극은 물론이고 오페라와 같은 클래식 공연도 즐길 수 있습니다.

전시에 있어서는 다른 문화나 역사를 이해하게 되는 시기이므로 아프리카 미술이나 고대 미술 등 다양한 시대와 문화권의 작품을 함께 관람하면 도움이 됩니다. 가정에서는 아이와 함께 책과 인터넷을 활용하여 재즈나 라틴 음악, 국악 등 다양한 악기나 연주, 춤 등을 찾아봅니다. 미술 감상도 관람 전후 작품에 얽힌 이야기나 정보를 함께 찾아보는 것이 좋습니다. 더불어 '예술 감상일기' 등의 기록장을 만들어 작품이나 티켓, 리플릿, 기사 등을 스크랩하고 자기 나름대로의 비평을 쓰는 습관도 갖도록 도와줍니다.

❺ 청소년기, 철학적·추상적 주제

감정 기복이 심하고 주변의 상황이나 반응에 대해 예민해지는 시기입니다. 심리학자들은 자아정체성을 형성하는 것이 청소년기의 주요 발달과제라고 말합니다. 다른 사람과 비교했을 때에도 내가 소중하고 유일한 존재라는 것을 안정적으로 자각하는 것입니다. 그런 점에서 예술 감상의 효과가 제대로 발휘되는 시기라고 할수 있습니다. 부모와 교사의 백 마디 잔소리보다 어려움을 딛고 꿈을 향해 나아가는 주제의 뮤지컬, 연극, 발레 감상에서 보다 큰 감동과 교훈을 얻을 수 있습니다. 또한 정의, 자유, 행복, 평등 등 추상적인 주제에 대해서도 생각할 수 있으므로 철학적인 주제의 공연이나 전시를 관람하여 사고의 지평을 넓혀주는 것도 좋습니다.

전시의 경우는 철학적인 추상화나 감성적이고 격정적인 작품에 흥미를 가질 수 있습니다. 또 자신의 진로와 관계가 있다면 건축전시회, 만화전시회, 보석전시회, 여행사진전 등 다양한 전시와 박물관 등을 찾아보는 것도 정체성 형성에 도움이 됩니다. 청소년 시기에 기억해야 할 것은 아이들이 자라면서 자신의 감정을 표출할 기회가 크게 줄어든다는 것입니다. 그런 만큼 아무리 학업이 바쁘고 중요하다 하더라도 예술을 감상할 수 있는 최소한의 시간과 기회를 마련해주고 또 독려해주는 것이 아이의 정서를 위해 꼭 필요합니다.

아이의 특성과 성격에 따라 전시나 공연을 선택하는 것도 중요합니다. 현대사회는 내성적인 성격을 핸디캡으로 여기는 경향이 있습니다. 외향적인 아이가 친구도 많아 보이고 눈에 더 띄기 때문에 내성적인 성격을 가진 아이의 부모는 걱정을 하기도 합니다. 그러나 EBS 다큐프라임 〈나는 내성적인 사람입니다〉 편을 보면 아이들의 교우 관계에 대한 설문 조사에서 외향적인 친구보다 내성적인 친구에 대해 신뢰감이나 관계에서 오는 만족감이 높은 것으로 나타났다고 합니다. 그렇기에 전문가들은 내성적이거나 외향적인 성격이 좋고 나쁨이 아닌, 그저 성향의 차이이며 다른 것일 뿐이라고 입을 모아 말합니다. 공연이나 전시 관람에서도 아이에게 스트레스를 주는 대신 이런 차이가 적당히 반영되어야 합니다.

외향적인 아이는 에너지를 발산할 수 있는 작품이 좋습니다. 공연의 경우는 무대에 직접 나가는 이벤트가 있거나 노래와 율동이 있는 참여형 공연이 좋고, 전시의 경우도 직접 만들거나 질의응답을 할 수 있는 체험형 전시와 프로그램이 도움을 줄 수 있습니다. 내향적인 아이는 사람이 너무 많거나 참여를 억지로 유도하는 상황에 놓이면 스트레스를 받게 마련입니다. 아이가 좋아하는 장르의 공연과 전시를 비교적 관람객이 붐비지 않는 날에 찾아보는 것이 좋습니다. 더불어 아이가 어떤 성격이든 간에 관람을 통해 아이의 자존감을 높여주는 것은 매우 중요합니다. 외향적인 아이에게 왜 이리 산만하게 돌아다니느냐고 야단을 치거나, 내성적인 아이에게 소심하다고 비난하기보다는 멋지게 관람을 즐겨준 것만으로도 충분하다고 격려해주어야 합니다.

또, 아이의 기호나 관심 분야에 따라 공연과 전시를 선택할 수도 있습니다. 최근에는 많은 작품들이 장르나 소재에서 더욱 세분화되어 그때그때 변하는 아이의 관심 분야에 맞는 공연과 전시를 찾아보는 것이 좀 더 수월해졌습니다. 김연아 선수를 좋아하는 아이를 위해 아이스발레 공연을 보러 가거나 NIE(신문 활용 교육)를 시작한 아이와 함께 퓰리처상 사진전을 보러 갈 수도 있습니다. 아이가 부쩍 관심을 보이는 분야의 소재와 내용, 캐릭터가 나오는 공연과 전시라면 아이에게 더욱 특별할 것입니다.

성별에 따른 전시·공연 선택과 관람

남자아이와 여자아이는 생물학적으로 다르게 태어났습니다. 이 점을 이해하고 성별에 따라 좀 더 흥미롭게 즐길 수 있는 작품을 선택해주는 것이 좋습니다. 남자아이는 모험이나 전투와 같이 실제로 일어날 법한 사건을 소재로 하는 작품을 좋아합니다. 남자아이들에게는 모험이나 폭력적인 성향이 잠재되어 있기 때문에 이런 소재를 다룬 공연이나 전시를 통해 내재된 성향을 안전하게 분출할 수 있게 도와주는 것이 좋습니다. 우주나 과학과 관련된 공연, 존경할 만한 영웅의 모험담을 그린 공연, 그리고 신체 동작과 움직임, 퍼포먼스 등이 화려한 공연이 남자아이의 관심을 끌 수 있습니다.

여자아이들은 사건과 사람에 대한 이야기를 추론하고 공감하는 소재를 선호합니다. 개연성 있는 사건이 나열되고 공감력이 작용하게 되는 명작 동화를 원작으로 하는 공연도 좋고, 청소년이 되었을 때는 소실을 원작으로 하거나 가상의 세계를 소재로 하여 주인공에게 감정이입할 수 있는 연극 공연과 편안한 느낌의 악기 연주 공연 등이 보다 큰 감동을 줄 수 있습니다.

전시를 고를 때에도 성별의 차이를 고려하면 도움이 됩니다. 일반적으로 남자의 망막에는 M세포가 많고 여자의 망막에는 P세포가 많이 분포되어 있다고 합니다. M세포는 위치나 방향, 속도 등을 잘 감지하고 P세포는 색상과 성질을 잘 파악한다고 합니다. 그래서 여자아이들은 평면에 그린 그림에서 색상이나 형태를 보는 것만으로도 자극을 받을 수 있기 때문에 실질적으로는 전시 관람에 조금 더 적합하다고 할 수 있습니다. 반대로 말하자면 남자아이들이 명화를 보고도 감동받지 않는다고 뭐라고 할 것이 아니라 망막에 분포된 세포의 차이임을 이해해야 합니다. 그래서 움직임이 있거나 직접 조작을 해볼 수 있는 전시, 또 형태가 다양해서 끊임없이 자극이 되는 복합 소재와 매체를 다룬 전시를 찾아 함께 관람하는 쪽이 좀 더 남자아이의 관심을 높이는 데 도움이 됩니다.

부모와 교사가 예술의 교육적 효과
에 대해 관심을 가질 수밖에 없는 것은, 사실 예술이라는 분야가 교
육에 무척이나 적합하기 때문입니다. 아이들의 관심과 흥미를 배
려하면서도 자연스럽게 교육적 효과도 얻을 수 있는 두 가지 공
연·전시 감상법이 있습니다.

첫 번째는 내용 자체에 교육적인 내용이 담겨 있는 공연과 전시
를 감상하는 것입니다. 예를 들어, 한자를 재미있게 배울 수 있는
뮤지컬이나 수학, 과학과 관련한 학습 공연, 또 유괴 예방이나 위
생, 편식, 성폭력 예방 등을 주제로 만든 공연들이 있습니다. 또, 전
시·체험의 경우에는 미술 교육을 위한 색깔놀이터나 다양한 과학
체험전, 그리고 어린이를 위한 해설이 있는 명화 전시회 등이 그 예
라고 할 수 있습니다. 이렇듯 주제 자체가 교육적인 목적인 예술 감
상은 전달하고자 하는 내용이 명확하기 때문에 평소 아이가 어려
워하거나 관심 있어 하는 분야를 좀 더 즐겁고 재미있게 접근할 수
있다는 장점이 있습니다. 잘 알려진 어린이 그림책《난 토마토 절
대 안 먹어》를 공연으로 본 아이가 평소 먹지 않던 야채를 먹기 시
작하더라는 관람 후기는 어린이 예술이 가진 힘이 무엇인가를 보
여준다고 할 수 있습니다.

두 번째는 바로 학습을 하거나 어떤 교훈을 주기 위한 것이 아
닌 예술 기능 그 자체를 배우고 강화하기 위한 감상입니다. 예를 들

어, 피아노를 배우기 시작한 아이와 함께 피아노 독주회를 보러 간다거나 국악에 관심 많은 아이와 함께 국악 공연을 관람하고, 그림 그리기를 좋아하는 아이와 함께 미술전시회를 관람하는 것입니다. 이러한 예술 참여 교육을 위한 징검다리 역할을 해주는 공연·전시 관람은 아이들의 예술적 시야를 넓히고 자극과 도전을 준다는 점에서 매우 중요하다고 할 수 있습니다. 피아노학원에서 배우는 소나티네가 쉽고 시시하게 여겨지던 아이가 유명한 피아니스트의 소나티네 연주회를 관람한 뒤 자극을 받기도 하고, 점토나 블록으로 형태 만들기를 좋아하던 아이가 조각 전시회를 본 뒤에 더 큰 상상력을 발휘하기도 합니다.

그러나 앞서도 이야기했듯이 부모와 교사는 안내만 할 뿐, 그곳에서 배움이든 즐거움이든 감동이든 그 무언가를 받아들이는 것은 온전히 아이의 선택에 달려 있습니다. 강요나 채근을 통해 배우게 해서는 안 된다는 것을 기억해야 합니다.

예 술 먹 고 자 라 는 아 이 를 위 한 **TIP**

좋은 공연·전시를 고르는 쉽고 간단한 노하우

공연이나 전시도 엄연한 서비스이고 제품이므로 좋은 물건을 고르는 일반적인 방법을 접목시킨다면 쉽고 간단하게 좋은 작품을 선택할 수 있습니다. 그중 첫 번째는 국가(예술의 전당, 국립국악원, 국립현대미술관 등)나 지방자치단체(부천문화재단, 부산문화재단 등), 기업(예림당아트홀, KT체임버홀, 대림미술관, 삼성리움미술관 등)이 운영하는 곳에서 기획한 작품을 선택하는 것입니다. 이런 문화 공간들은 비교적 안정된 예산을 바탕으로 하기 때문에 전문 인력들이 보다 우수한 공연·전시를 기획하고 선정하게 됩니다. 각 기관 홈페이지를 통해 정보를 찾아 활용하면 도움이 될 수 있습니다.

그 다음으로는 일반 대중에게 널리 알려진 유명한 공연이나 전시를 찾는 것입니다. 유명하다는 것은 여러 가지를 의미합니다. 작가가 유명하거나(피카소전, 빈센트 반 고흐전 등), 원작이 유명할 수도 있고(뮤지컬 '구름빵', '마법천자문' 등), 캐릭터가 유명할 수도 있습니다(뮤지컬 뽀로로, 파워레인저 등). 조금 더 관심을 가진다면 수준 높은 전문성으로 익히 알려진 기획사나 극단의 작품을 골라도 좋고, 괜찮은 극작가나 연출가를 눈여겨봤다가 그들이 만든 다른 작품을 찾아보는 것도 도움이 됩니다.

무엇보다도 입소문만큼 평가가 정확한 게 없습니다. 블로그나 카페에서 다른 사람들의 후기를 찾아보는 것도 도움이 됩니다. 단, 후기를 볼 때 부모의 관점뿐만 아니라 아이의 관점도 반영되었는지, 객관적인 잣대로 평가하고 있는지도 눈여겨봐야 합니다. 또, 연장 공연이나 앵콜 공연, 전국 투어를 꾸준히 하고 있는 공연과 전시가 있다면 그만큼 입소문과 반응이 좋다는 의미이기도 하니 작품의 이전 기록을 찾아보는 것도 좋습니다.

마지막으로, 아이의 편안한 관람을 위해 고려해야 할 점이 있는데, 공연장이나 전시장까지의 거리가 얼마나 되느냐 하는 것입니다. 아무리 좋은 공연·전시도 왕복 2시간 이상의 거리라면 아이는 길에서 지쳐버리게 마련입니다. 아이가 어릴수록 어느 정도 자랄 때까지는 아무리 좋은 곳이어도 먼 곳보다는 집에서 가까운 공연·전시장을 자주 활용하는 편이 낫습니다.

어린이 공연의 연령 제한은 왜 필요할까요?

어린이 공연·전시에서 가장 많이 받는 문의 중 하나는 바로 연령 제한에 관한 것입니다. 24개월 이상 관람가라든가, 7세 이상 관람가라는 식으로 연령 제한을 두는 데는 다음과 같은 이유가 있습니다. 우선 전시와 공연의 내용이나 표현 방식, 그리고 배우들의 분장이 너무 어린 아이들에게는 충격이 될 수도 있습니다. 4세 이상 아이들의 대부분은 도깨비나 악당 분장을 한 배우를 보고 울지 않지만 너무 어린 아이는 어두운 극장 환경에서 배우의 무서운 분장이나 음성이 두려움으로 다가올 수도 있기 때문입니다. 또 공연장의 강한 조명과 음향기기가 제한 연령에 못 미치는 어린아이의 시청각 발달에 저해가 될 수도 있습니다. 즉, 공연·전시의 연령 제한은 관람을 막는 불편한 제도가 아니라 어린이들의 정서와 건강을 지켜주기 위해 필요한 '최소한의 보호 장치'라고 할 수 있습니다. 그러므로 제한 연령 미만의 아이에게 공연이나 전시를 보여주고 싶다면 베이비 드라마를 활용하거나 전체 관람가 전시를 찾아볼 것을 권합니다.

어린이 공연에도 심의 제도가 있나요?

우리나라에 어린이를 위한 정확한 공연 심의 체계나 연령 등급 관리 제도는 예전에도 없었고 지금도 없습니다. 현재는 영상물등급위원회가 연소자 유해성 여부에 대해 심의를 하도록 업무를 맡고 있지만 거의 대다수의 극단들은 심의를 거치지 않고 있습니다. 공연 심의라는 제도가 강제 사항이 아니기 때문입니다.

유럽 등에서는 예술을 통한 표현의 자유는 최대한 허용하지만 예술에 대한 존중과 자부심이 강한 관객들 덕분에 저급, 저질의 공연들이 기본적으로 버틸 수 없는 구조입니다. 또한 사전 검열 제도보다는 각기 작품에 걸맞은 다양한 관람 연령 제도를 적용하여 이를 철저히 지키는 것이 선진국들의 경향이라고 할 수 있습니다. 3세 아이와 초등학교 고학년 아이가 한 공연을 보는 우리의 공연계 현실에서는 매우 부러운 모습입니다.

**예술 장르별로
어 떻 게
접 근 할 까**

학창시절, 누구나 한번쯤은 취미를 적는 난에 '음악 감상'이라고
적어본 적이 있을 것입니다. 가요든 팝송이든 좋아하는 가수의 앨
범을 구입하면 꼼꼼하게 가사와 곡의 구성을 살펴보고 하루에도
몇 번씩 같은 곡을 반복해 들으며 감동받고 흡족해했던, 그 과정과
행위를 우리는 자신 있게 '음악 감상'이라고 말했습니다. 그렇듯이
감상은 거창한 준비도 대단한 수준도 필요 없는, 저절로 우러나 이
뤄지는 아주 자연스럽고도 만족스러운 과정입니다. '감상'을 영어
식으로 표현하면 'appreciate'나 'enjoy', 혹은 'admire'입니다.
'주목하다/진가를 알아보다/고마워하다'라는 뜻의 'appreciate'
와 '즐기다/누리다'라는 뜻의 'enjoy', 그리고 '감탄하다/존경하

다'라는 뜻의 'admire', 이 영어 어휘들의 의미를 살펴보면 감상의 과정과 그 가치를 정확히 설명해주고 있습니다.

그런데 감상이 교육과 연결되는 순간 불편하고 어렵고 지루한 것이 되어버립니다. 감상은 감각적 감상과 지적 감상으로 나뉠 수 있는데, 그중 지적 감상에만 치우쳤기 때문이라고 할 수 있습니다. 한 작품을 감상할 때 작품의 순수한 요소와 특성만으로 아름다움을 느끼고 감동을 얻는 것이 감각적 감상(미적 감상)이라고 한다면, 지적 감상은 작품의 역사와 시대 배경, 기법과 재료, 작가의 이야기 등 작품과 관련된 지식의 습득을 바탕으로 한 감상입니다. 주로 학교에서 음악이나 미술 시간에 접하게 되는 감상 수업은 이런 지적 감상에 가까웠습니다.

감상에서 감각과 지식 중 어느 것이 중요한지에 대한 논의들이 많았지만, 최근에는 어느 한쪽에 치우치지 않고 감각적 감상과 지적 감상이 균형을 이루는 것이 중요하다고 봅니다. 감상 활동을 감성과 지성이 어우러지는 종합 활동으로 보는 것입니다. 결국, 훌륭한 감상을 위해서는 작품에 대한 배경지식을 얻는 것도, 예술(작품)을 제대로 즐기기 위한 감정이입과 몰입을 이끌어내는 감성도 중요합니다.

또, 아이들이 풍부한 예술적 경험을 얻을 수 있게 하려면 다양한 예술 장르를 접해보며 감상할 수 있는 여건을 마련해주는 게 우선입니다. 예술 장르는 공간예술, 시간예술, 종합예술로 나눌 수도 있고, 최근에는 한국문화예술위원회나 영국예술위원회 등의 분류에 따라 시각예술, 공연예술, 전통예술, 다원예술로 나누기도 합니다. 하지만 어린아이를 대상으로 하는 감상 교육은 연령에 따라 적합한 장르가 다를 수 있어서 연령과 장르를 세부적으로 나눠 설명하기가 어려우므로 이 책에서는 시각예술과 공연예술, 두 장르로 나눠서 효과적인 감상 교육에 대해 살펴보려고 합니다.

자연과 조형의 아름다움을 즐기는 시각예술 감상

우리나라 미술 교육 교과과정의 내용과 방법은 끊임없이 변해왔지만 감상 교육의 목표(목적)는 변함이 없습니다. 바로 자연과 조형의 아름다움을 즐기고 그것을 존중하는 태도를 키우는 것입니다. 그리고 이 목표는 미술뿐만 아니라 다른 분야의 감상 교육에서도 적용됩니다.

시각예술(서양화와 한국화, 사진과 조각, 디자인과 건축 등)의 감상 교육은 뛰어난 예술가의 작품을 보는 것과 주변 가까이에서 접할 수 있는 창작물을 보는 것으로 대상에 따라 나눌 수도 있고, 학교나 가정에서 복제된 자료를 보는 것과 미술관과 박물관 등 현장에 가서 실제 작품을 보는 등 감상 방식이나 공간에 따라서도 구분할 수 있습니다. 수준 높은 명화나 뛰어난 예술가의 작품을 감상하는 것은 아이의 예술적 정서에 깊이를 더해준다는 점에서 매우 중요합니다. 그러나 감상을 명화와 명작만으로 한정 지을 경우 아이가 미술에 대해 비현실적인 기준을 갖게 되거나 흥미를 잃어버리게 될 수도 있습니다. 이럴 때 형제자매나 친구 등 주위의 비슷한 또래의 작품을 감상하거나 자기 동네의 건축물이나 자연물 등을 감상하는 것이 색다른 흥미와 관심을 불러일으킬 수 있습니다. 친구들의 작품을 감상할 때는 누가 더 잘 그렸는지를 단순 평가하는 게 아니라 서로의 작품을 존중하는 마음가짐이 필요하며, 자신의 작품과 비슷한 점, 느낀 점, 사용된 재료의 차이점 등을 살펴보며 공유와 공감의 시간을 나누는 것이 중요합니다.

시각예술은 작품을 실제로 감상하는 것과 복제품이나 자료를 통해 감상하는 것의 차이가 매우 큽니다. 흔히 학교나 가정에서 활용하는 자료들은 실제 작품의 감상을 돕기 위한 것이지 그 자료들을 살펴본 것만으로 작품 감상을 했다고 보기는 어렵습니다. 인터넷에 온갖 자료들이 넘쳐나는데 굳이 미술관이나 박물관을 가야 하냐고 의문을 갖는 사람도 있을 수 있습니다. 그러나 미술관이나 박물관은 조명과 공간 디자인, 동선 구성과 설계 등 모든 것이 작품을 감상하기에 가장 전문적으로 최적화된 곳입니다. 이런 환경에서 붓 터치 하나, 질감 하나까지도 생생하게 살아 있는 실제 크기의 작품을 만나게 된다면 그 느낌과 감동은 컴퓨터 화면이나 지면으로 보는 것과는 비교할 수도 없습니다. 그러므로 시각예술 감상은 될수록 아이와 함께 미술관이나 박물관을 찾아가 실제 작품을 직접 눈으로 볼 수 있는 기회를 갖는 것이 좋습니다.

시각예술 감상은 양식을 파괴하고 작가 개인의 사상과 철학, 개성과 제작 과정 등을 중요시하는 현대미술 작품보다는 시대사조와 기법이 명확한 바로크·르네상스 시대의 작품이나 조선시대 수묵화 등의 고전미술 작품부터 시작하는 것이 적당합니다. 고전미술에서는 그리스·로마 신화나 성서에 나오는 인물들, 그리고 자연풍광과 정물을 실물처럼 똑같이 그려낸 작품이 최고의 작품이었습니다. 그래서 초등학생 정도면 수준에 맞게 시대적 특성과 양식의 변화, 작가의 생애와 작품의 배경 등을 알아보는 것만으로도 감상에 도움이 됩니다.

현대미술 작품은 전공자들도 이해하기가 어려울 만큼 난해할 때가 있습니다. 현대미술이나 사진, 미디어아트 등의 전시를 감상할 때, 영유아들은 보이고 느껴지는 것들을 이야기하거나 표현해 보는 감각적 경험을 갖는 것만으로 충분하고, 초등학생 이상의 아이들에게는 작가와 작품에 대한 사전 조사나 도슨트(전시 해설자)의 해설을 활용하여 작품을 보다 잘 이해할 수 있도록 도와주는 것이 중요합니다. 하지만 지나치게 지식 습득만 강조해서는 안 됩니다. 사조와 기법, 작가 연구는 아이가 작품을 좀 더 깊이 이해할 수 있게 도와주는 역할만 할 뿐입니다. 아는 만큼 보인다는 말이 있긴 하지만 아는 것 때문에 감동하고 즐기는 것을 놓치지 않도록 균형을 맞출 필요가 있습니다.

시각예술의 감상은 원하는 시간만큼 작품 앞에 머무를 수 있지만, 연주회나 연극, 무용과 같은 공연예술의 감상은 그 순간이 지나가면 볼 수 없는 시간적 속성을 갖고 있습니다. 또, 시각예술은 전시된 작품을 집으로 가져올 수도 없거니와 복제된 자료를 통해서는 비슷한 감동을 얻기도 힘듭니다. 하지만 공연예술은 음원이나 영상 자료를 통해 언제 어디서나 작품을 듣고 볼 수 있을 뿐만 아니라 비교적 현장과 비슷한 감동을 경험할 수 있다는 장점이 있습니다. 전문 공간인 공연장에서의 감상과 생활공간에서 자료를 통한 감상, 이 두 가지 모두를 잘 활용하면 감상의 효과가 극대화될 수 있습니다.

학교 교육에서 음악과 공연예술 감상의 목표는 미적 경험을 통해 학생들의 기초적인 예술 능력과 정서를 함양시키고 생활 속 예술을 확립하는 것입니다. 공연예술에서의 미적 경험은 음악과 무용, 연극 등 작품 속에 내재되어 있는 예술적인 기법과 의미를 시각과 청각, 그리고 직관을 활용하여 스스로 경험하고, 결국 작품을 통해 아름다움을 느끼도록 해주는 것을 말합니다. 따라서 공연예술 감상 역시 공연을 보며 일어나는 느낌과 감동을 지각할 수 있게 하는 것 또한 중요한 감상의 목표가 될 수 있습니다. 그러기 위해서 아이들은 자기가 직접 실연하는 공연뿐만 아니라 다른 친구들이나 예술가의 공연을 존중하며 볼 수 있는 마음 자세를 배우고, 자기가 실연하는 공연과 비교해보며 공통점과 차이점을 발견하는 과정을 거치는 것이 중요합니다.

클래식이나 재즈, 국악과 같은 음악 감상의 경우는 공연장에서든 집에서든 아이가 자신의 직관대로 감상할 수 있게 맡겨두는 것이 좋습니다. 음악 감상은 청각에만 의존하게 되는 만큼 필연적으로 간접적인 상상력이 동반되게 마련입니다. 그러나 언어능력이 부족한 영유아기의 아이들은 자신의 느낌이나 감정을 잘 표현하기가 어렵습니다. 같은 음악을 듣고도 초등학교 고학년 아이들은 '화려하다, 웅장하다, 아름답다'와 같이 구체적으로 표현할 수 있지만, 유아들은 '천사가 날아다니는 것 같아요!'처럼 추상적으로 표현하기도 합니다. 또, 자신의 느낌을 어떻게 표현해야 할지 모를 때도 있으므로 상상한 내용들을 그림이나 놀이, 몸짓 등을 통해 아이가

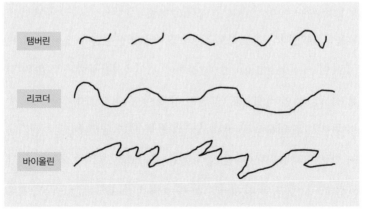

5세 아동이 악기별 연주를 듣고 그 느낌을 표현한 그림

좀 더 쉽게 표현할 수 있도록 도와주어야 합니다. 음악 감상을 하면서 상상을 하게 되면 우뇌가 자극되고, 음악의 사조와 배경, 악기와 연주자 등을 떠올리며 듣게 되면 좌뇌가 자극된다고 합니다. 아이의 성장 발달단계에 맞춰 연령이 높아질수록 음악 관련 지식들을 함께 알아보고 집이나 공연장에서 작품을 감상한다면 작품 감상의 효과를 한층 더 높일 수 있습니다.

공연예술 가운데 연극과 뮤지컬, 오페라, 발레와 같이 이야기에 기반하고 있는 작품은 상상력을 동원해야 하는 음악에 비해 감상이 좀 더 수월한 편입니다. 공연예술 감상은 아이가 어릴수록 이야기 구조가 명확한 연극이나 뮤지컬 공연을 위주로 감상하는 게 좋고, 아이가 성장함에 따라 내면화와 적극적 상상력이 필요한 음악이나 무용 공연을 접하게 해주면서 차츰 단계와 수준을 높여가는 것이 좋습니다.

이야기 구조로 이루어진 공연예술은 이야기 전개와 등장인물 등을 미리 알아보고 접하면 좀 더 흥미롭게 감상할 수 있습니다. 마치 아이들이 'Let it go!'를 열창하기 위해 〈겨울왕국〉 애니메이션을 관람하던 것처럼, 뮤지컬이나 오페라에 나오는 유명한 곡을 먼저 들어보고 익숙해진 상태에서 공연을 보면 공연 감상의 즐거움이 한층 더해집니다. 다만, 뮤지컬은 재미있는 설정에 속도와 전개까지 빠른 데 비해 오페라나 발레는 정치와 철학, 풍속과 문학 등 다양한 분야의 역사적 배경이 깔려 있습니다. 한 번 관람했다고 해서 전체를 이해하기가 쉽지 않은 만큼 욕심을 버리고 편안한 마음으로 작품을 즐기도록 해야 합니다.

미국의 교육철학자인 브라우디 H. S. Broudy는 작품을 감상할 때, (1) 작품 속에 담긴 감각적인 특성, (2) 작품을 이루는 선, 색, 명암 등의 형태와 구성, (3) 재료나 도구의 기법 등 표현 방법의 특징, (4) 작품이 전달하고자 하는 의미, 이 네 가지를 중요한 감상 요소로 강조하였습니다. 이것은 시각예술뿐만 아니라 모든 예술 장르의 감상에 동일하게 적용될 수 있습니다. 이 네 가지 요소들이 중개자가 되어 아이들의 내면에 감동과 상상, 존중과 아름다움을 느끼게 해주었다면, 비록 그것을 부모와 교사에게 언어로 다 표현하지 못했다 하더라도 충만하고도 값진 감상을 경험했다고 할 수 있습니다. 지금까지 우리 교육에서 감상 활동은 소극적이고 수동적으로 이뤄져왔습니다. 하지만 아이들은 작품과 눈을 맞추면서 미적 감동을 경험할 준비를 본능적으로 갖추고 있습니다. 부모와 교사는 아이를 작품 앞으로, 작품의 이야기 속으로 이끌어주는 마중물만 되어주면 될 것입니다. 감동이 일어나는 나머지 과정은 오롯이 아이와 예술 작품의 몫입니다.

예술 감상의 효과를 최대로 높이려면

2009년 미국 하버드 대학 '프로젝트 제로'는 무엇이 예술교육을 최고로 만드는가(예술교육의 질적 완벽함)라는 주제의 연구결과 보고서[15]를 발표했습니다. 훌륭한 프로그램, 충실한 자료, 좋은 환경도 있겠지만 가장 중요한 것은 바로 그 자리에 가는 아이들의 동기였습니다. 아이들에게 제대로 된 동기만 부여되면 예술교육의 질과 과정, 결과까지 달라질 수 있다는 것입니다. 그러므로 예술을 작품이나 활동으로 접하기 전에 아이들의 관심부터 끌어올리는 것이 중요합니다. 아이로 하여금 예술은 친숙하고 좋은 것, 즐거움과 기

---

15 "The Qualities of Quality: Understanding Excellence in Arts Education", Project Zero at the Harvard Graduate School of Education, 2009.

뺨을 주는 것이라는 인식과 더불어 직접 보고 싶고 스스로 하고 싶은 마음이 들도록 도와주어야 합니다.

공연·전시에 대해 정확한 정보를 제공하기

그런 점에서 관람 전에 공연이나 전시에 대한 정보를 아이와 함께 나누는 것은 매우 중요한 일입니다. 정확한 정보는 기대를 조절할 수 있고, 공연을 좀 더 쉽게 이해하도록 도와줄 수 있습니다. 방학 때면 간혹 초등학교 고학년 아이들이 방학숙제 때문에 수준에 맞지 않는 유아용 공연을 보러올 때가 있습니다. 그중 몇몇 아이는 공연에 관한 정보 없이 들어와서는 "재미없어요! 유치해요! 다 아는 이야기예요!"라고 소리치곤 합니다. 이렇게 되면 다른 관객들에게 방해가 되는 것은 물론이고 아이 본인에게도 힘든 시간이 되어버립니다.

만약 "이 공연은 전래동화 이야긴데, 어린 동생들을 위해서 만든 공연이야. 네가 보면 조금 지루하거나 유치해 보일수도 있는데 괜찮겠니?"라고 먼저 설명을 해준다면 어땠을까요. 수긍하고 들어가는 아이들의 경우 결코 공연을 방해하거나 지루해하는 일이 없습니다. 오히려 마음을 열고 즐겁게 유아용 공연을 즐기기도 합니다. 이미 공연에 대한 기대치를 조절하였기 때문입니다. 아동극이지만 철학적인 내용이 있거나 수준이 높은 공연일 경우, 또 유명하지만 어려운 작품 전시일 경우에도 아이들이 지루해하지 않도록 사전에 정보 나눔과 학습을 통해 미리 아이의 기대를 조절해줘야 합니다.

어른과 아이의 수준과 관심 분야, 흥미는 결코 같을 수 없습니다. 어른의 입장에서 좋아 보이는 작품을 아이 또한 좋아할 것이라고 확신하거나 좋아하라고 강요하는 것은 억지에 가까울 것입니다. 그러므로 작품을 선택할 때에는 부모가 미리 추려놓은 공연과 전시의 정보를 아이와 함께 살펴본 뒤에 아이의 의사를 물어보는 것이 좋습니다. 아동용품을 구매할 때에도 부모의 정보력에 아이의 취향이 더해져야 부모와 아이 모두가 만족스러운 구매가 되는 것처럼 아이와 함께 보고 싶은 작품에 대해 이야기하고 아이 스스로 작품을 고르게 하면 작품에 대한 기대와 관심뿐만 아니라 관람의 질을 높이는 데도 큰 도움이 될 수 있습니다.

감상 전, 놀이와 대화로 관심 높이기

아이들의 놀이 세계는 무궁무진합니다. 어린아이들에게는 일상생활의 모든 순간이 놀이로 연결될 수 있는 만큼, 공연이나 전시도 관람 전부터 관련 자료를 가지고 놀이로 연결해보면 작품에 대한 기대와 만족을 높이는 데 효과적입니다.

한번은 〈엄지공주〉 인형극 공연장에서, 티켓을 사는 엄마 옆에서 한 여자아이가 손가락을 꼼지락거리며 노는 것을 보았습니다.

아이에게 "뭐 하고 있니?" 하고 물어봤더니 얼굴을 그려놓은 손가락을 보여주며 엄지공주라고 하는 것이었습니다. 손가락을 까딱거리며 인사하는 시늉을 보이는 그 아이를 보며 공연장에 오기 전 엄마와 함께 어떤 놀이를 했을지 짐작할 수 있었습니다. 또, 앤서니 브라운의 그림동화책을 각색한 〈행복한 미술관〉이라는 공연을 진행할 때는 한 남자아이가 원작 그림책을 품에 꼭 안고 온 적이 있습니다. 엄마가 표를 구매하는 동안 아이는 그림책을 펼치며 자기가 제일 좋아하는 그림을 자랑했습니다. 두 아이 모두 공연 시간 내내 적극적이고 재미있게 공연을 즐긴 것은 두말할 필요도 없습니다.

앞의 예처럼, 부모나 교사가 사전에 공연이나 전시의 정보를 찾아보고 아이와 함께 공유한다면 그것을 놀이나 교육으로 연결시키는 것은 그리 어렵지 않습니다. 엄지공주 인형극을 보러 가기 전에 손가락 인형을 그려서 놀았던 것이고, 명화가 나오는 공연을 보러 가기 전에 미리 명화를 소재로 한 원작 그림책을 본 것입니다. 이런 사전 활동을 통해 얻은 재미있고 즐거웠던 경험을 공연장과 전시장까지 이어올 수 있습니다. 똑같이 작품을 관람하더라도 그런 경험을 가진 아이가 느끼는 즐거움과 만족감은 다른 아이들과 비교할 수 없을 만큼 클 수밖에 없을 것입니다.

어린아이와 관람할 때 주의해야 할 점들

• 부모가 함께하는 관람

일반적으로 초등학생 정도만 되면 혼자서 공연을 관람하는 데는 전혀 무리가 없습니다. 7·~8세 이상의 아이들은 잠시 부모와 떨어져도 크게 힘들어하지 않지만 문제는 부모와 떨어지는 것 자체를 두려워하는 일부 아이들이 있다는 것입니다. 극장 공간은 만 3세 이전의 아이들이 느끼기에 어둡고 낯설 수 있고, 전시장과 같이 넓은 공간에서 더 큰 불안감을 느끼므로 3세 이전의 어린아이나 부모와 떨어지기를 두려워하는 아이는 반드시 보호자가 함께 관람해야 합니다. 공연과 전시를 편안한 마음으로 즐기게 해주어 문화예술 공간에 대한 두려움을 없앨 수 있게 해주는 것이 우선이기 때문입니다. 또 박물관이나 미술관과 같은 전시장은 공연장과는 달리 끝나는 시간이 정해져 있지 않고 공간도 넓어서 아이들이 헤매거나 길을 잃기 쉽습니다. 그러므로 아이의 안전과 심리적 안정을 위해서라도 적정 연령이 되기 전까지는 부모가 동행할 것을 권장합니다.

• 교사가 함께하는 단체 관람

최근에는 단체 관람이 정기적인 교육 프로그램이 될 만큼 대부분의 보육기관이나 학교에서 공연과 전시를 보러 가는 일이 잦습니다. 아이들은 단체 관람을 통해 질서와 사회성을 배울 수도 있고, 작품을 감상하며 또래친구들과 교감하면서 더욱 특별한 경험을 할 수도 있습니다. 단체 관람을 할 때 가장 중요한 것은 바로 아이들의 안전과 편안한 관람입니다. 한 명의 교사가 여러 아이들을 돌봐야 하는 만큼 관람 동선과 화장실, 사진 촬영이나 식사 장소 등을 미리 알아둔다면 아이들이 이탈하거나 불안해하는 것을 예방할 수 있습니다.

단체 관람은 모든 아이들의 흥미와 기호를 맞출 수 없다는 단점이 있으므로, 관람 전에 미리 놀이와 학습을 통해 작품의 정보를 충분히 제공해주어 각기 다른 아이들의 기대를 조율하는 과정이 필요합니다. 단체 관람의 과정이나 관람 태도 역시 중요한 교육입니다. 교사가 먼저 신나게 즐기고 박수로 호응하며 작품을 존중하는 모습을 보여주는 것이 아이들에게 좋은 교육이 될 것입니다.

예술 감상의 효과를 높이는 대 화 법

어린이를 대상으로 한 예술 감상 교육은 작품을 보는 것 이상으로 아이와 함께 대화를 나누는 일도 중요합니다. 이는 예술 작품으로부터 받은 감동과 느낌을 자신의 것으로 내면화하는 작업이라고 할 수 있습니다. 작품을 보고 나서 아이와 함께 공연 작품의 무대가 어땠는지, 그림의 색상은 어땠는지 등등의 기술적이고 표면적인 부분과, 작품의 내용이나 의미에 관한 상징적인 부분에 대해서 모두 이야기해볼 수 있으면 좋습니다. 이때 잊지 말아야 할 것은 부모와 교사가 일방적으로 아이의 의견만 물어보며 다그치는 사회자 역할을 해서는 안 된다는 것입니다.

기본적으로 공연 중에 아이와 대화를 나누는 것은 그다지 바람직하지는 않습니다. 어떤 부모는 공연이 진행되는 중에도 끊임없이 아이에게 설명해주고 아이의 질문을 다 받아주기도 하는데 이것은 다른 관객뿐만 아니라 아이의 몰입에도 방해가 되는 행동이라고 할 수 있습니다. 아이가 어떤 요구(화장실, 목마름 등)를 할 경우를 제외하고는, "엄마, 저건 왜 저래?"와 같이 대화가 필요한 질문을 해올 경우에는 작은 목소리로 "나도 궁금하네. 우리, 공연을 끝까지 보고 나서 같이 이야기해보자."라고 공연 이후로 대화를 유도합니다. 또, 공연을 보기 전에 미리 아이에게 공연 관람 예절을 자세히 알려줘서 다른 관객들에게 피해를 주는 일이 없도록 해야 합니다.

공연을 관람하고 나서 집에 돌아오면 아이들은 인상적인 장면에 대해 계속 이야기하거나 노래를 기억해 부르는 경우가 많습니다. 이때 아이의 이야기와 노래를 충분히 공감하며 들어주고, 그것을 확장하여 궁금증과 호기심을 계속 이어가도록 도와줍니다. 이때 질문을 통해 '공감', '비교', '확인'의 과정을 거치는 이스라엘식 교육 방법이 효과적입니다. 만약 공연이나 전시에서 멋진 말이 나왔다면 아이에게 "말은 정말 빨리 달리지? 말보다 더 빨리 달릴 수 있는 건 뭘까?" 등의 질문으로 아이의 호기심을 확장시켜주면서 아이와 함께 다양한 자료를 찾아보며 확인하는 식입니다. 또, 작품 관람 후에 느낀 감동이나 호기심을 그림이나 노래 등으로 표현하는 것도 창의력과 감성을 높이는 효과적인 방법입니다.

공연 관람과는 달리 전시를 관람할 때는 아이와 충분히 대화를 나누는 게 좋습니다. 전시장은 누구나 관람할 수 있는 열린 공간이기 때문에 너무 큰 소리로 말하거나 다른 사람에게 방해만 되지 않는다면 작은 목소리로 마음껏 대화할 수 있습니다. 이때 아이가 상상력을 발휘할 만한 질문들을 건네면 좋습니다. 예를 들어 "이건 무슨 색이지?"처럼 '빨간색'이라는 답이 정해져 있는 단편적인 질문보다는, "이 화가는 왜 사람 얼굴에 빨간색을 칠했을까?"라고 묻는다면 아이가 상상력을 발휘해 다양한 답을 생각해내면서 창의력을 기를 수 있습니다. 따라서 작품을 관람하면서는 "작가는 왜 이런 제목을 지었을까?" "우리라면 뭐라고 제목을 지을까?" "여기에는 왜 이 색을 칠했을까?" "이 그림에 있는 이 사람들은 무슨 대화를 하고 있을까?"처럼 창의적 사고가 가능한 대화를 주고받는 것이 좋습니다. 다만, 아이가 피곤해하거나 원하지 않을 경우에는 혼자서 감상할 수 있도록 해주는 게 좋습니다. 특히 대부분의 남자아이들은 흥미가 있거나 감동을 받을 때 더 말이 없어진다는 점도 기억해야 합니다.

들어가서 나올 때까지,
미술관 100% 즐기기

무대와 배우, 관객이 함께 만들어내는 한두 시간 동안의 작품이 공연이라면, 전시의 경우는 미술관에 들어가서 나올 때까지 마주하게 되는 모든 것들이 작품일 수 있습니다. 그래서 부모와 교사, 아이가 능동적이고 적극적인수록 더 많은 것을 보고 느끼고 얻을 수 있습니다. 우선 아이와 함께 그림을 볼 때는 미술관에 있는 모든 작품을 다 꼼꼼히 보겠다는 욕심을 버려야 합니다. 모든 작품을 다 보지 못하더라도 아이가 특별히 관심을 갖는 작품이 있다면 그 앞에 서서 오랫동안 작품을 감상하기도 하고 작은 소리로 아이와 생각을 나눠보는 것이 좋습니다.

아이와 다양한 이야기를 나누기 위해서는 작품에 대한 정보가 많으며 많을수록 도움이 되는데, 미술관에서 가장 쉽게 접할 수 있는 정보는 바로 캡션caption 입니다. 캡션은 작품 앞이나 우측에 작가 이름, 작품 제목, 사이즈, 재료, 제작 연도 등 작품에 대한 정보를 적어놓은 것을 말합니다. 또, 작품의 배치 순서나 전시 경로 등을 알려주는 미술관 안내도나 전시 작품과 해설이 수록된 도록, 전시 작품과 작가에 대해 간략히 소개된 리플릿 등이 도움이 될 수 있습니다. 전시를 보러 가기 전에 관람할 전시회의 작가와 작품을 아이와 함께 미리 찾아보면 전시장에 갔을 때 마치 아는 사람을 만난 것처럼 친근하게 느낄 수 있습니다. 규모가 있는 미술관의 경우에는 정해진 시간마다 도슨트가 작품 설명을 해주므로 도움을 받을 수 있습니다.

관람이 끝나고 나면 아이와 함께 미술관 내에 있는 아트숍이나 정원, 카페 등에 들러 예술적인 분위기를 마음껏 누려보는 것도 좋습니다. 미술관 마당을 놀이터 삼아 뛰어놀아도 보고, 아트숍에서 마음에 드는 작품의 엽서나 도록, 명화가 그려진 수첩과 스티커 등을 구입해보는 것도 좋은 추억이 될 수 있습니다.

**모든 예술
작품은 존중
받아야 한다**

얼마 전, 식당에서 여기저기 뛰어다니던 아이에게 뜨거운 음식을 쏟은 식당 주인이 아이 부모에게 수천만 원의 배상을 하라는 법원 판결이 나온 적이 있습니다. 더욱 화제가 된 것은 그 이후로 아이와 함께 오는 손님을 사절하는 식당이 늘어났고, 이러한 상황에 대해 오히려 아이를 가진 부모들이 자성의 목소리를 더욱 높였다는 사실입니다.

공연장이나 미술관에서도 예외는 아닙니다. 관람을 위해 그곳에 온 사람들은 어른이든 아이든 소중한 의미와 추억을 얻으려고 시간을 내서 찾아온 것입니다. 조금만 신경 쓰면 지킬 수 있는 에티켓을 모르거나 지키지 않는 일부 사람들로 인해 불쾌한 경험을 차게 된다면 누구라도 화가 날 수밖에 없을 것입니다. 이 책에서 이야기하는 에티켓들은 어린이 공연과 전시의 편안한 관람을 위해 지켜야 할 최소한의 예절입니다. 어른들이 먼저 잘 지키는 모습을 보여주면 아이들이 보고 배우게 될 것이고, 그러다 보면 자연스레 몸에 익게 될 것입니다.

공연장 에티켓:
불빛과 음식물은 NO!

공연은 배우, 스토리, 의상, 무대미술, 음향, 조명 등이 어우러진 종합예술입니다. 그중에서도 캄캄한 극장에서 집중력과 장면 전환, 무대 효과 등을 만들어주는 조명은 특히 중요합니다. 공연장 안에서 조명이 아닌 다른 불빛이 반짝인다면 주변 관객은 물론이고 배우들에게까지 큰 지장을 줄 수 있으므로 다음의 여러 불빛들을 주의해야 합니다.

첫 번째는 휴대전화 불빛입니다. 공연 중 문자 메시지나 시계를 확인하기 위해, 또 카메라를 켜기 위해 휴대전화를 열면 화면에서 나오는 불빛은 옆자리와 뒷자리 관객들의 시야를 흐리게 하는 것은 물론이고 공연의 집중력까지 방해하게 됩니다. 어린이 공연 시간은 평균 1시간 내외이고, 공연이 길 경우 인터미션(막간 휴식시간)이 주어지므로 공연 중에는 반드시 휴대전화를 꺼놓는 매너가 필요합니다.

두 번째는 카메라 불빛입니다. 공연 중 카메라 촬영을 못하게 막는 데는 두 가지 이유가 있습니다. 첫째는 공연 창작물의 저작권을 지키기 위한 것인데 유명 공연이나 내한 공연의 경우, 촬영한 장면을 개인 블로그 등에 올렸다가 고소를 당하는 경우도 간혹 있습니다. 이런 법적인 사항은 차치해 두더라도 또 다른 주요한 이유는 카메라의 불빛이 주변 관객뿐만 아니라 집중해서 공연해야 하는 예술가들에게도 큰 지장을 줄 수 있기 때문입니다. 갑자기 객석에서 카메라 플래시가 터지면 공연자가 대사나 악보를 잊어버리는 사고가 발생하기도 합니다. 어린이 공연은 대부분의 극단들이 공연이 끝난 후 무대를 배경으로 배우들과 사진을 찍을 수 있도록 하고 있으니 공연 중에는 공연에만 집중하고 추억을 남기기 위한 사진은 이때를 활용하면 됩니다.

공연장에서는 음식물에 관한 크고 작은 일들이 많습니다. 어린이 공연장에서 일하다 보면 수많은 사건들과 마주하지만 그중에서도 가장 당황스러운 기억 중 하나는 어린 손주와 함께 공연을 보던 한 할머니가 된장국에 밥을 말아 아이 입에 넣어주던 일이었습니다. 물론 배고픈 어린 손주가 안타까워서 그랬겠지만 그 냄새와 상황 때문에 배우는 물론이고 다른 관객들까지 무척 불쾌한 시간을 보내야 했습니다. 많은 사람들이 영화관에서는 팝콘이나 음료수를 먹을 수 있는데 왜 공연장에서는 물도 못 먹게 하느냐고 물어올 때가 있습니다. 만약 영화도 미리 찍어놓은 영상을 보여주는 게 아니라 연극 공연처럼 영화배우가 무대에 직접 나와서 연기해야 하는 것이라면 영화관에서도 음식물을 먹을 수 없을 것입니다.

일반 공연장에서 음식물을 제한하는 이유는 냄새와 소리 때문입니다. 한창 음악이나 배우의 연기에 몰입하고 있을 때 음료수를 마시는 소리가 난다거나 음식 냄새가 풍겨온다면 그만큼 예술가와 관객의 몰입도가 떨어질 수밖에 없습니다. 일반적으로 어린이 공연은 성인 공연에 비해 음식물에 좀 더 관대한 편이지만 공연 전에 충분히 아이의 허기를 채워주고 공연 중에는 사탕 정도만 주는 게 적당할 것입니다.

미술관 에티켓 : 작품은 존중할 때 제대로 보인다

제 언니가 초등학교 4학년 때, 미술에 소질이 있으니 시켜보라는 담임선생님의 권유가 있던 뒤로부터 어머니는 언니와 저를 데리고 꾸준히 전시회를 찾아다녔습니다. 미술관도 흔치 않았던 1980년대의 부산에서, 넉넉지 못한 형편에도 어머니는 주말마다 신문에 실린 전시회 정보를 스크랩하였고 그렇게 다니며 모은 전시회 도록만 200여 권이 넘을 만큼 참 열심히 우리를 데리고 다니셨습니다. 그런데 지금 다시 생각해보면 그것이 우리를 위한 것이기도 했지만 어머니가 누구보다 더 그림을 즐겼고 전시회 나들이를 좋아하셨던 게 아닌가 하는 생각이 듭니다. 전시장에 들어서서 그림을 마주할 때면 늘 행복한 미소를 띠던 어머니의 모습, 그런 어머니를 보며 우리 역시 그 작품들이 가치 있고 소중한 것이라는 걸 온몸으로 느꼈던 것 같습니다.

작품을 존중할 때만 그 작품을 제대로 볼 수 있습니다. 그래서 부모와 교사부터 먼저 작품을 존중하고 소중히 여기는 모습을 아이들에게 보여주었으면 합니다. 간혹 전시회에서 아이에게 "이게 뭘 그린 거냐? 내가 더 잘 그리겠다!"라고 장난스럽게 말하는 어른을 보곤 합니다. 한술 더 떠서 아이에게 그림을 만져보라고 하거나, 경계선을 넘어가 그림 옆에서 사진을 찍으라고 하거나, 설치 작품에 매달리고 장난치는 아이를 말리지 않고 그대로 놔두는 모습을 보게 되면 정말 할 말을 잃습니다. 미술 작품들은 온도와 습도에 매우 민감합니다. 사람의 손이 그림에 닿으면 손끝의 온도와 습기, 유분기 등으로 인해 손상될 수 있고, 또 카메라 불빛에 꾸준히 노출되면 안료가 변색될 수도 있습니다. 최근에 국립현대미술관이 시작한 '뮤지엄 매너 캠페인'에서 비오는 날 우산을 갖고 전시장 안에 입장하지 말라는 것도 젖은 우산이 그림의 최적 습도에 치명적인 영향을 줄 수 있기 때문입니다.

국내 유명 미술관에서는 한 아이가 전시되어 있던 작품에 낙서를 한 경악할 만한 사건도 있었습니다. 역사 속에서 소중하게 이어져온 인류의 정신과 예술의 가치를 함부로 여겨서는 안 됩니다. 한 작품에는 예술가의 생각과 이야기, 열정과 시간, 인생과 철학 등 모든 것이 담겨 있다는 것을 이해해야 합니다. 아이와 함께 공연장이나 미술관에 가게 되면 아이를 방치하거나 무조건 "뛰지 마, 만지지 마!"라고 제지할 게 아니라 그 작품이 얼마나 가치 있고 소중한 지를 알려주는 과정이 필요합니다. 작가나 작품에 대한 이해가 있으면 더 좋겠지만 그렇지 않다 하더라도 작품을 감상하며 아이와 함께 작가의 숨은 노력과 이야기를 느껴볼 수 있다면 그것만으로도 작품의 가치는 높아질 수 있습니다. 훌륭한 예술 작품들이 우리 아이들과, 또 그 후손들에게까지 오랫동안 감동을 전해주기를 원한다면, 아이들에게 먼저 작품을 가치 있게 여기는 모습을 보여주고 가르쳐주어야 합니다.

공연을 빛나게 하는
아름다운 에티켓, 박수

박수는 공연을 마무리하는 중요한 의식이자 공연자와 관객이 서로에게 감사를 표하는 아름다운 예절입니다. 그런데 공연장을 찾는 관객들이 많이 하는 질문 중 하나가 언제 박수를 쳐야 하느냐는 것입니다. 물론 국내 대다수의 어린이 공연은 박수 치는 것에 큰 제약이 없지만 아이가 자라면서 점점 더 수준 높은 공연을 보러 가게 되면 박수를 치는 시점에 대한 고민도 함께 생기게 마련입니다. 별로 어렵진 않지만, 흔히들 잘 모르는 박수 에티켓을 함께 살펴보겠습니다.

클래식 음악회에서는 언제 박수를 쳐야 할까?

클래식 음악회의 경우에 가장 큰 힌트를 얻는 방법은 공연장에 입장할 때 무료로 받거나 구입할 수 있는 프로그램(공연의 막과 장, 연주 곡목, 출연자 소개 등이 적혀 있는 책자)을 살펴보는 것입니다. 성악 공연의 경우 보통 3~4곡씩 묶여 있어서 그 곡들이 끝난 후에 박수를 칩니다. 관현악(오케스트라)이나 실내악(5~10명 안팎으로 구성된 기악합주)의 경우에도 교향곡이나 협주곡은 3~4개의 악장이 한 곡으로 구성되어 있는데, 각 악장이 아니라 한 곡이 모두 끝난 후에 박수를 치는 것이 좋습니다. 오페라는 아리아(반주가 있는 독창곡)나 이중창, 합창 등이 끝날 때 박수를 치고 "브라보" 등을 외쳐서 공연자를 격려하기도 합니다.

국악 공연에서는 언제 박수를 쳐야 할까?

엄격한 궁중 예절과 격식을 갖춰 공연하는 궁중음악이나 정악의 경우에는 다른 음악회 공연처럼 공연이 시작될 때와 각 곡이 끝날 때 박수를 치는 것이 일반적입니다. 그러나 민중의 애환을 달래주던 판소리나 사물놀이의 경우는 궁중음악에 비해 박수나 추임새(공연 중 '얼씨구'. '좋다', '잘한다' 등의 말을 하는 것)가 자유롭게 열려 있습니다. 추임새는 공연자와 관객의 흥을 함께 돋우는 역할을 하는데, 사물놀이나 판소리, 마당극의 공연에서 신명 나는 부분마다 아이와 함께 '얼쑤', '좋다' 등을 외쳐보면 우리 문화가 얼마나 즐겁고 흥겨운 것인지 온몸으로 느낄 수 있을 것입니다.

무용 공연에서는 언제 박수를 쳐야 할까?

연극이든 음악회든 무용이든, 그 어느 공연에서든 흐름을 방해하지 않기 위해 연주나 연기 도중에는 박수를 치지 않습니다. 특히 깊은 정서의 세계를 표현하는 한국무용이나 현대무용은 반드시 공연이 끝난 후에 박수를 쳐야 합니다. 그러나 발레의 경우는 다양한 볼거리를 위해 이야기의 흐름과 관계없이 '디베르티스망divertissement'이라는 특별한 춤들을 선보이는데, 솔리스트의 독무(혼자 추는 춤)나 군무(단체로 추는 춤)를 통해 고난도의 기교와 재능을 보여줄 때 아낌없는 박수를 보내주면 공연자에게도 관객에게도 큰 즐거움이 될 수 있습니다.

지금까지 이야기한 관람 에티켓들은 엄격한 '제약'이라기보다는 이렇게 하는 게 더 좋겠다는 일종의 '제안'이라고 할 수 있습니다. 단순히 예술 감상을 위한 교양을 지키자는 것이 아니라, 예술 감상이란 결국 예술가와 관람객이 서로 교감하고 함께 즐기며 만들어가는 '작품의 완성'이라는 이야기를 하려는 것입니다. 위대한 명작들이 인류 역사의 유산이라고 해도 현대를 살아가는 부모와 교사, 그리고 미래를 살아갈 우리 아이들이 함께 만나서 공감하고 감동을 느낄 때 비로소 그 진정한 의미와 가치가 빛날 수 있습니다.

예 술 먹 고 자 라 는 아 이 를 위 한 **TIP**

"티켓 값이 왜 이리 비싸?" 아이 앞에서는 참아주세요!

영화 티켓 값에 대해서는 별 말이 없으면서 어린이 공연이나 전시에 대해서는 비싸다는 말들을 어렵잖게 듣습니다. 가계 지출을 생각하는 부모의 입장에서는 1시간 내외의 짧은 어린이 공연의 관람비가 부담스럽기도 하고, 또 지불한 비용만큼 그 가치를 못하는 공연과 전시도 있을 수 있습니다. 그러나 문제는 부모의 태도에 따라 아이가 예술에 대해 부정적인 이미지를 가질 수도 있다는 것입니다.

어린이 공연도 다른 재화들과 마찬가지로 공연을 준비하는 수많은 사람들의 인건비와 대관비, 무대 제작비와 의상·소품비 등 다양한 비용이 발생합니다. 그런데 아이들 앞에서 "애들 공연이 뭐가 이렇게 비싸?"라고 별 생각 없이 말하는 어른들을 보면서 아이는 '예술은 비싼 것', '공연료(돈)에 비해 그 가치가 모자란 것'으로 받아들일 수 있습니다. 그러므로 극장 문 앞에서만큼은 아이들이 편안하고 즐거운 마음으로 공연을 볼 수 있게 "배우들이 너를 위해 멋지게 준비했으니까 재미있게 보자!"라고 아이들에게 말해주면 좋겠습니다.

티켓을 저렴하게 구하는 몇 가지 방법

공연과 전시 관람 비용을 최대한 줄이는 방법은, 그때그때 공연장이나 극단에서 진행하는 할인 이벤트를 홈페이지나 전화로 알아보는 것이 가장 좋습니다. 보통은 공연이나 전시를 시작한 이후 관객 추이를 지켜보다가 할인 이벤트를 열기 때문에 오픈 직후의 이벤트가 할인율도 가장 큰 편입니다.

또, 정부에서 정책적으로 시행하고 있는 할인 혜택들도 활용할 수 있습니다. 대표적으로는 문화예술 관람을 위해 만 6세 이상의 기초생활 수급자와 차상위 계층에게 연간 5만 원을 지원하는 '문화누리카드', 만 24세 이하나 65세 이상이라면 공연·전시 관람시 누구나 연 10회 3천 원~1만 원의 할인을 받을 수 있는 '문화나눔 사랑티켓', 서울 거주 여성이라면 신청을 통해 누구나 최대 6인의 동반가족까지 50%의 관람료 할인을 받을 수 있는 '서울여성행복객석', 그리고 다둥이 가족이라면 서울시의 '다둥이 행복카드'와 경기도의 '아이플러스 카드' 등을 통해 할인을 받을 수 있습니다. 또 매달 마지막 주 수요일은 '문화가 있는 날'로 지정하여 주요 박물관이나 미술관, 공연장에서 입장료를 무료 혹은 최대 70%까지 할인된 금액으로 제공하기도 합니다.

CHAPTER 5

예술 참여 교육

공감과 감동을 넘어
직접 해본다는 것의 의미

창조적인 작업에 대해 기계적인 반복을 한다는 것을
바보 취급하는 사람들이 많지만 그렇지 않아요.
반복성에는 확실히 주술적인 것이 있어요.
정글의 깊은 곳에서 들려오는
북소리의 울림 같은 것이지요.

무라카미 하루키

프랑스의 저명한 작가 알랭 보스케가 초현실주의 화가 살바도르
달리에게 물었습니다. 아주 오랜 시간 동안 불빛 한 점 없는 깜깜한
곳에 홀로 갇히게 된다면 무엇을 하겠느냐고 말입니다. 달리는 대
답했습니다. 평생 '포스핀'(눈을 감고 안구를 자극했을 때 나타나는 발광 현
상)을 만들겠다고. 이렇듯 어떤 상황에서든 무엇인가를 만들어내
고 표현하고 발산하고 싶어 하는 것은 모든 인간 속에 존재하는 본
능인지도 모릅니다. 그러나 그림을 그리고 악기를 연주하고 춤을
추는 등의 예술 행위는 단순한 본능을 넘어 자신의 이상을 실현해
나가는 인간만의 지혜가 발현된 것이라고 할 수 있습니다. 실제로,
흔히 명작으로 알려진 고전주의 미술과 음악은 인간이 종교적 フ

원과 절대 가치를 향한 이상주의idealism에 기초를 두고 있습니다. 그러나 현대 예술 작품이나 우리가 생활 속에서 만들어내는 소소한 작품도 예술 참여 과정으로만 보면 작품의 주제가 좀 더 개인화되고 세분화되었을 뿐이지 고전주의 작품들과 마찬가지로 인간의 이상을 표현한다는 점에서는 크게 다르지 않습니다.

예술 감상 교육이 완성된 '결과로서의 예술'을 만나는 것이라면, 예술 참여 교육은 시간과 노력을 들여서 이뤄지는 '과정으로서의 예술'을 만나는 것입니다. 과학기술의 발달에 따라 X-선으로 명화들을 투사해봤는데, 캔버스 위에 수정하고 덧칠한 자국들이 수도 없이 발견되었다고 합니다. 제아무리 뛰어난 화가라도 예술 활동을 하는 그 긴 시간 동안 수없이 많은 생각과 고민을 하며 때론 후회하고 때론 기뻐하면서 발전해나가는 힘든 과정을 거쳐야만 위대한 작품이 탄생한다는 사실을 알 수 있습니다.

열 번을 이야기 듣고 백 번을 상상해본들, 단 한 번이라도 직접 해보는 것만 못합니다. 그렇기 때문에 예술 참여 교육은 잘하고 못하고를 떠나서 예술 체험을 직접 해보는 그 과정만으로도 충분히 값지다고 할 수 있습니다. "오케스트라 프로그램의 주된 목적은 음악을 통해 더 나은 사람들이 될 수 있도록 하는 것이지 음악을 가르치는 것이 아니다."라는 세계적인 첼리스트 요요마의 말처럼, 아이들이 시간을 들여 예술 활동을 할 때 단순히 기법과 순서만 익히는 것이 아닙니다. 연습 과정을 통해 창의적인 힘을 키울 뿐만 아니라 인내심을 기르고 성취감을 얻을 수 있습니다. 또, 많은 사람들과 다양한 소통의 과정을 겪으면서 아이들은 예술을 즐기고 나누는 것, 더 나아가 삶을 즐기고 나누는 것에 대해서까지도 열망을 가질 수 있습니다.

미국 국가예술기금NEA에서 발표한 한 연구보고서[16]에 따르면, 사회경제적 배경이 열악한 청소년들 가운데 예술 활동의 참여도가 높았던 아이들이 그렇지 않은 아이들에 비해 삶에 대한 열망을 가질 확률이 더 높은 것으로 밝혀졌습니다. 일주일에 한 번 신문을 읽는 비율도, 교내나 학교 대항 운동 경기에 참여한 비율도, 4년제 대학에 진학하는 비율과 훗날 국민투표에 참여한 비율도 예술 활동에 참여한 아이들이 더 높게 나타났습니다. 또, 유럽의 문화전문가 네트워크의 보고서[17]에서도 예술 참여 교육이 교사와 아이, 그리고 또래들 간에 정서적 연결을 돕고 이것이 학교에 대한 애정으로 이어져 아이들의 반사회성은 줄어드는 반면 사회성은 크게 높여준다고 이야기하고 있습니다.

예술 참여 교육은 아이들의 정서적 경험과 감성을 다양한 예술 도구와 기법으로 표현하고 발현시키는 창의 교육이자 전인교육이라고 할 수 있습니다.

---

16 "The Arts and Achievement in At-Risk Youth", National Endowment for the Arts, 2012.

17 "The Role of Arts Education in Enhancing School Attractiveness", by European Expert Network on Culture(EENC), 2012.

예술 참여 교육이라 하면 흔히 기능 습득을 위한 실기 교육을 떠올리게 됩니다. 대부분이 피아노와 바이올린 교습이나 미술학원에서의 그림 교습, 그리고 무용이나 성악 교습 같은 것들이 생각날 것입니다. 예술교육의 3대 요소인 '감상' '창작' '기능(기법)' 가운데 기능 교육에만 지나치게 치우쳐 있는 우리 예술교육의 현실을 그대로 보여주는 예입니다.

예술 참여 교육은 '창작'과 '기능'이라는 두 가지 요소가 균형 있게 갖춰져 있어야만 합니다. 어떤 일이든 아이디어는 있지만 구현하지 못한다면 쓸모가 없고, 기능은 있지만 창작을 못 한다면 다른 사람의 하청을 받는 일 외에는 할 수가 없을 것입니다. 정해진 순서대로 구슬만 꿰는 사람은 기술자이지만 어떤 색의 구슬로 어떤 모양과 어떤 구성을 만들지 창작하면서 구슬을 꿰는 사람은 예술가인 것처럼 '창작'이 빠진 예술 참여 교육은 아이를 단순한 기능인으로밖에 키울 수 없습니다. 그런 교육은 기술(기능)교육이지 예술교육이 될 수 없습니다. 완성된 작품의 모양이 비록 볼품없다 하더라도 그 사람만의 철학과 아이디어가 들어가 있는 것이 중요합니다. 피아노를 악보대로 틀림없고 정확하게 연주하는 아이player로 키울지, 피아노곡을 자신만의 스타일로 재해석하여 연주하는 아이creator로 키울지는, 혹은 그림을 교사가 시키는 대로 그리는 아이player로 키울지, 자기 나름의 독특한 기법과 아이디어를 가지고 그리는 아이^{creator}로 키울지는 그 길을 안내하는 부모와 교사의 몫이라고 할 수 있습니다.

미래사회에 로봇이 모든 것을 대체하는 때가 온다고 해도, 창조적인 역할만은 할 수 없다고 합니다. 바이올린을 사람보다 잘 연주하는 음악가 로봇, 그림을 사람보다 더 잘 그리는 화가 로봇, 공중 10회전은 기본으로 하는 발레리나 로봇도 등장한다고 가정해봅시다. 실제로 얼마 전 국립현대미술관에서 열린 '로봇 에세이'전展에서는 화가의 영역에 도전한 '그림 그리는 로봇'이 등장해 멋지게 그림을 그려내는 모습을 볼 수 있었습니다. 로봇을 예술 범주에 끌어들인 새로운 미술 분야인 '로보틱 아트' 전시회를 바라보며 우리는 흥미로운 질문을 떠올리게 됩니다. 로봇이 그림을 그린다면 그 그림은 예술일까? 그 로봇은 과연 예술가일까?

결국 우리가 아이들에게 가르쳐야 하는 것은 로봇이 대체할 수도 있는 단순한 기능이 아니라 자신만의 독창성으로 창조하는 예술 본래의 영역이라는 사실은 의심할 여지가 없습니다. 따라서 예술 참여 교육은 크리에이터를 키워내는 창조적인 방향에 그 중심을 맞춰야 합니다. 교육의 내용이 작곡이나 영화 제작, 그림 그리기와 같이 백지에서 시작하는 창작 활동은 물론이고, 기존 곡을 연주하거나 기존 작품을 연기하고 춤추는 재연 활동에서도 자신만의 감성과 생각으로 재해석할 수 있는 방향성을 가져야 하는 것입니다.

이를 위해 예술 참여 교육에서는 부모와 교사가 아이의 자율성과 독립성을 지켜주는 것, 그리고 아이의 작품에 관심을 가져주고 의미를 인정해주는 것이 중요합니다. 창의성은 자신감이 떨어지거나 비난으로 인한 수치심을 느낄 때 자취를 감춰버리고 맙니다. 아이의 예술 활동에서 자율성과 독립성을 존중해주는 것은 아이가 수치심으로 인해 예술로부터 도망가지 않도록 도와주는 가장 기본적인 조건입니다. 아이는 악기나 미술 도구를 손에 쥔 순간부터 이미 작은 예술가입니다. 어른들의 눈에는 유치해 보일 수도 있고 실수하는 것처럼 보일 수도 있지만, 아이의 마음과 손끝에는 창작에 대한 열망이 가득 차 있습니다. 그래서 비웃거나 혼낼 게 아니라 오히려 격려하고 존중해야 할 이유가 되는 것입니다. 예술가는 무엇이든 표현할 자유가 있고, 또 그것에 어떠한 의미와 이름을 부여할 수 있는 독립적인 권리를 가집니다.

아이가 악기나 노래 연습을 하다 보면 같은 부분에서 자꾸 실수를 할 때가 있습니다. 또, 그림을 그리다 보면 어른의 눈에 부족하거나 말이 안 되는 것이 보이기도 합니다. 하지만 반복적으로 틀리고 있다는 것은 아이가 이미 더 잘 알고 있습니다. 그래서 아이의 머릿속은 훨씬 더 복잡할 수도 있습니다. 그러나 그것을 이겨내는 것 또한 중요한 예술 참여 교육의 과정이니만큼 답답한 생각이 들어도 참고 기다려줘야 합니다.

또, 아이가 그려놓은 물고기가 물고기 같지 않더라도 비난하거나 놀려서는 안 됩니다. 피카소의 그림을 떠올려본다면 예술적인 상상력과 자율성은 무한대로 허용된다는 것을 알 수 있습니다. 아이가 물고기를 그려놓고서 나무라고 한다면 그럴 만한 이유가 있을 것이고, 단순한 음계를 연주하면서 거창한 곡명을 붙여놨다면 그 또한 존중하고 들어주어야 합니다. 아이가 도움을 요청하지도 않았는데 아이의 그림을 빼앗아 대신 그려주는 행동은 아이가 예술에 대한 흥미를 잃어버리게 만듭니다. 왜 자꾸 틀리느냐고 비난을 하거나 그림이나 글이 이상하다고 놀리고 이렇게 저렇게 해보라며 훈수를 두는 행동도 아이에게 수치심을 주어 창의성을 사라지게 할 수도 있다는 것을 기억해야 합니다.

아이들은 음악, 무용, 미술, 연기 등 분야를 가리지 않고 일상생활과 놀이 속에서 다양한 예술 활동을 합니다. 천재 작곡가이자 피아니스트였던 모차르트가 네 살에 처음 만진 쳄발로도 그저 소리 나는 장난감이었을 뿐입니다. 세계적인 비디오 아티스트 백남준도 어린 시절에는 누나가 치던 피아노 소리에 맞춰 그저 흙바닥에 그림을 그리며 놀던 작은 아이였습니다. 중요한 것은 아이의 사소한 활동(놀이)을 눈여겨본 부모의 관심이 그 아이를 시대의 예술가로 키워냈다는 사실입니다.

그런 점에서 "이건 공룡이 작은 새들을 지켜주는 것을 그린 거야!" "이 노래는 엄마를 생각하면서 내가 만든 거야!"라고 아이들이 자신의 작품에 대해 이야기할 때 관심을 갖고 들어주는 부모와 교사의 존재와 역할은 매우 중요합니다. "그랬구나! 수염이 멋지다. 여기 빨간색이 정말 마음에 들어."와 같이 말해주며 관심을 갖고 의미를 알아주는 존재가 있을 때 아이들은 상상과 창의의 지평을 보다 넓고 자신 있게 넓혀갈 수 있기 때문입니다.

전공 여부와 상관없는 예술 참여 교육의 필요성

많은 부모들이 아이들에게 예술 참여 교육을 시키면 전공까지 하게 되는 것은 아닐까 우려 아닌 우려를 합니다. 이해도 되는 것이 부모의 입장에서 아이가 소질이 없으면 없는 대로 속상할 수 있겠지만, 만약 전공을 하기로 결정한다 해도 경제적 부담과 함께 아이가 예술가로 산다는 것에 대해 염려가 될 수밖에 없기 때문입니다.

그러나 김연아나 정트리오(정명훈, 정명화, 정경화)를 키워낸 어머니들의 이야기처럼 아이의 미래는 사실 아이 스스로가 가장 잘 아는 게 아닐까 합니다. 그래서 하겠다, 하지 않겠다는 아이의 결정이 여러 번 바뀌기도 하고, 또 어른의 눈에는 염려스러워 보여도 결국 크게 틀리지 않는 경우가 많습니다. 언니와 저는 같이 미술을 공부하고 전공도 했지만, 밥 세 끼만 주면 그림 그리는 게 가장 행복하다던 언니는 화가가 되었습니다. 그림을 하나의 도구로서 공연이나 스토리텔링에 접목하는 것이 더 즐거웠던 저에겐 기획, 연출자가 오히려 적성에 맞았던 것입니다. 부모님은 같은 기회를 주었을 뿐

어떠한 강요도 하지 않았습니다. 같은 미술학원을 다녔던 우리는 결국 다른 선택을 하였고 후회 없이 각자의 길을 가고 있습니다.

미술학원을 다녔다고 화가가 되고, 음악학원을 다녔다고 모두 음악가가 되는 것은 아닙니다. 하지만 인생에는 예술 재능을 활용할 수 있는 무수하게 많은 일들이 있습니다. 글을 잘 쓰는 아이의 경우 시인이 되어 문학가로 살 수도 있겠지만 광고 카피라이터가 될 수도 있고 파워블로거나 방송작가, 신문기자, 평론가, 국어 교사 등 다양한 직업을 가질 수도 있습니다.

따라서 전공 여부를 떠나 우선은 아이가 하고 싶은 것들을 해볼 수 있게 어릴 때 기회를 열어주는 것이 중요합니다. 그러다 전공을 고민해야 하는 시기가 온다면 사실은 그것만으로도 기쁜 일로 여겨야 할 것입니다. 적어도 내 아이가 잘하는 것이 한 가지는 더 생긴 것이니까요. 그 이후에는 전공으로 갈 때와 가지 않을 때에 대한 정확한 정보를 제공하고 아이의 선택에 맡겨야 합니다. 그러나 예술 전공을 선택했다 하더라도 취업은 전혀 다른 쪽으로 할 수 있다는 것도 이해해야 합니다. 대학을 졸업한 사람 중 열에 여덟이 자신의 전공대로 취업을 하지 않는 것처럼 그 또한 아이가 스스로의 인생을 걸고 하는 선택이기 때문입니다. 그러나 그것을 시간 낭비라고 할 수 없는 것은 전공을 위해서든 아니든 어린 시절 접했던 예술교육 경험이 아이가 다른 직업을 택하더라도 충분히 도움이 될 수 있기 때문입니다.

이렇게 올바른 예술교육을 접한 사람은 새로운 뭔가를 창작하는 것을 즐겁게 여깁니다. 하나의 작품을 창작해낸 경험이 있기 때문에 결과를 미리 머릿속에 쉽게 그리기도 합니다. 결과물을 예측하는 만큼 과정 중에 오는 위기나 어려움을 지혜롭게 넘길 수도 있습니다. 그렇기 때문에 예술적 경험을 갖는다는 것은 무슨 일을 하든 그것을 더욱 빛나게 해줄 좋은 패를 하나 더 가진 것이라고 할 수 있습니다. 경영을 하는 사람이 예술적 소양을 갖춘다면 예술을 통한 협상과 융합 경영에 보다 유리하고, 마케팅을 하는 사람이 예술을 안다면 감성 마케팅이나 예술 마케팅에 좀 더 수월하게 접근할 수 있습니다. 즉, 예술적 교양이나 자질은 어떤 분야에서든 그것을 더욱 돋보이게 하는 힘을 갖고 있습니다. 연애편지 하나를 쓰더라도 좀 더 예쁜 편지지를 고를 수 있고, 좀 더 감성적인 글을 좀 더 멋진 글씨체로 쓰는 것이 유리한 것처럼 말입니다. 그것이 아이의 인생을 보다 창조적인 길로 안내하고 있다는 것만으로도 예술교육은 충분히 의미가 있을 것입니다.

"열심히 노력하다가 갑자기 나태해지고, 잘 참다가 조급해지고, 희망에 부풀었다가 절망에 빠지는 일을 또다시 반복하고 있다. 그래도 계속해서 노력하면 수채화를 더 잘 이해할 수 있겠지. 그게 쉬운 일이었다면 그 속에서 아무런 즐거움도 얻을 수 없었을 것이다. 그러니 계속해서 그림을 그려야겠다."

과연 누가 쓴 글일까요? 수채화를 이해하기 위해 노력해야겠다는 말이 이제 막 그림에 취미를 붙인 사람 같기도 하고, 한창 수채화를 배우고 있는 사람 같기도 합니다. 하지만 놀랍게도 이 글은 우리나라 사람들이 가장 사랑하는 천재 화가, 빈센트 반 고흐가 남긴 글입니다. 무엇이든 쉽게 그렸을 것만 같은 그가 그림을 그리는 과정에서 이렇게나 많은 고민을 하였다니, 천재의 뒤에는 노력이라는 더 큰 작품이 숨어 있었다는 생각이 듭니다.

예술이라는 것이 무대 위나 액자 속 결과물로만 먼저 보이게 되니 제작 과정이나 그 속에 숨겨진 노력에 대해서는 잘 모르기도 하고 또 관심을 갖기도 어렵습니다. 하지만 우리 아이들이 경험하게 되는 예술교육만큼은 무엇을 연주할 수 있고 어떤 작품을 그려왔는지 겉으로 드러나 보이는 결과 이상으로 아이가 오랜 시간 동안 들이는 노력의 과정을 중요하게 여겨야 합니다.

예술 참여 교육의 8할은 홀로 인내해야 하는 연습 시간

어린 시절, 동네 피아노학원에 가면 선생님은 교본 윗부분에 늘 사과를 열 개씩 그려주곤 했습니다. 새로 배울 곡에 대한 연주 시범을 보여주고는 제가 칠 수 있는지 없는지를 확인한 뒤 그려진 사과의 개수만큼 혼자 연습하도록 한 것입니다. 물론 제가 좋아하는 곡을 연습할 때면 신나고 빠르게 사과 열 개를 지워 나갔지만, 어렵고 재미없는 곡은 사과 하나를 없애기도 어찌나 어렵던지 일곱 번만 연습해놓고는 열 번을 다했다고 사과 그림을 지우며 마음속으로 무척 갈등했던 기억이 아직도 생생합니다. 그렇게 피아노를 제법 오래 배운 덕분에 초등학교 시절 피아노 콩쿠르에 나가기도 했고, 친척들의 결혼식이나 중·고등학교 합창대회 때 반주를 맡기도 했습니다. 그러나 기억 속 피아노와의 추억은 무대 위에서의 그 짧은 순간들이 아닙니다. 오히려 연습실에 혼자 앉아 교본 위에 그려진 사과를 바라보며 하기 싫어 몸을 배배 꼬았던 5년여 간의 연습 시간입니다. 그렇게 피아노를 사랑하기도 하고 미워하기도 하면서 견뎌낸 혼자만의 시간이 있었기에 완성된 결과의 연주곡을 가지고 무대에 오를 수 있었던 것입니다.

일곱 살이 되던 해에 함께 바이올린을 배우기 시작한 두 아이, 서진이와 민주의 이야기도 있습니다. 파워레인저가 장래희망이었던 장난꾸러기 서진이는 바이올린의 현을 손가락으로 하나하나 짚어야 하는 것이 어려웠습니다. 같은 자세로 바이올린을 잡고 있는 것도 힘들었고, 한 음절을 열 번씩 반복하게 하는 선생님에게 수시로 짜증을 부리기도 했습니다. 볼이 빨간 부끄럼쟁이 민주는 애초에 소리 내는 것 자체를 힘들어했습니다. 실수할까 봐 조심조심 활을 움직였고 선생님이 자세라도 고쳐주려 하면 금세 위축이 되곤 했습니다. 10개월이 지난 어느 날, 발표회에서 두 아이는 다른 친구들과 함께 무대에 서서 세 곡의 음악을 멋지게 연주해냈고 뿌듯한 마음으로 사람들의 박수소리를 즐기게 되었습니다.

두 아이에게 10개월이라는 시간은 단순히 '반짝반짝 작은 별'을 연주할 수 있게 된 물리적인 시간만은 아니었습니다. 바이올린을 배우기 전까지만 해도 서진이가 20분을 가만히 서서 바이올린 연주를 하는 모습은 상상도 할 수 없었고, 민주가 엄마와 떨어져서 많은 사람들 앞에서 발표회를 가지는 모습도 생각할 수 없었습니다. 그러나 아이들은 바이올린을 가르쳐주는 '선생님과의 사이'에서, 말 못하는 '악기와의 사이'에서, 연습하기 싫은 '자기 자신과의 사이'에서, 그리고 협주하는 '친구들과의 사이'에서 소중한 시간을 경험하고 훈련하였던 것입니다. 그 많은 '사이'들 속에서 수도 없이 갈등하고 타협하고 또 뛰어넘기도 하며 견뎌낸 인내의 시간만큼 실력도 정직하게 쌓여갈 수 있었습니다. 그럴 수 없다는 목소리가 들려와도 계속 꿋꿋이 그리면 그 목소리는 이내 사라진다던 고흐의 말처럼 예술 참여 교육을 통해 배워야 하는 것은 예술적인 기법뿐만 아니라 느리더라도 꿋꿋이 자기 자신을 뛰어넘는 '도전'입니다.

따로 또 같이, 조화의 예술

그렇다고 해서 예술 참여 교육이 늘 혼자인 외곬수를 만드는 것만은 아닙니다. 따로 또 같이 창작해내는 하나 됨의 예술은 작은 기적을 낳기도 합니다. 한동네 아이들 몇 명이 모여 연극 한 편을 만들기로 하였습니다. 연극을 먼저 제안한 아이가 연출을 맡게 되자 어린 연출자는 동네 아이들을 대상으로 배우 오디션을 시작하였습니다. 배우가 되고픈 아이들은 잔뜩 긴장한 채 연출가가 된 친구 앞에서 연기를 선보였는데, 배우로 선발된 아이들은 뛸 듯이 기뻐했지만 떨어진 아이들은 그게 뭐라고 엉엉 울며 서러워했습니다. 연극 연습 기간 동안 아이들은 웃다가 싸우다가 즐거웠다 토라지기를 수차례 반복했습니다. 드디어 연극 공연 당일, 아이들은 동네 친구들과 부모님들을 어느 집 거실에 모아놓고 멋지게 공연을 펼쳤답니다. 조명을 담당한 아이는 작은 집 거실을 왔다 갔다 하며 형광등을 능숙하게 켰다 껐고, 배우들도 떨지 않고 외운 대사를 읊으며 제 몫을 다해냈습니다.

한 시간 남짓 진행된 공연은 그날이 처음이자 마지막 공연이 되어 다시는 볼 수 없게 되었지만 아이들이 만든 예술 작품은 단순히 그 연극 한 편만이 아니었습니다. 한 시간의 공연 뒤에는 여러 명의 아이들이 함께 창작하고 기획하고, 협력하고 협상하며, 코치하고 연습하고 숙련하며 인내한 한 달이라는 위대한 '과정의 작품'이 또 하나 만들어져 있기 때문입니다. 아이들이 함께 벽화를 그리거나 오케스트라의 협주곡을 연주하거나 연극 공연을 만들어내는 모든 과정은 단순히 얼마나 작품을 잘 만들었나로 평가할 수 없는 아주 많은 가치를 담고 있습니다. 그것이 훗날 아이들이 성장해 예술과는 전혀 관계없는 일을 하게 된다 하더라도 하나의 성과를 내기 위해 얼마나 많은 시간과 노력, 인내와 협력을 이뤄냈는지는 아이들의 작은 가슴 깊숙이 새겨져 있을 거라고 확신합니다.

이렇듯 아이에게 예술 참여 교육을 시킨다는 것은 그림을 잘 그리게 되고 악기를 잘 다루게 되는 기능의 습득을 위한 것일 수도 있겠지만, 아이가 타인과의 관계에서 공감과 소통, 협동, 즐거움과 감동을 느낄 수 있는 새로운 도전을 하도록 하는 것이라고 생각합니다. 그래서 점수나 등수가 바로 매겨지는 영어나 수학 교육과는 달리 그 결과물을 얻기 위해 어떠한 과정, 어떠한 시간, 어떠한 노력, 어떠한 협력을 거쳤느냐가 아이의 예술 참여 교육을 바라보고 평가하는 기준이 되어야 할 것입니다. 예술교육을 받고 온 아이에게 "무얼 그려 왔어?" "무슨 곡 연주했어?"라고 묻는 대신 "그림을 그릴 때 무엇을 생각하면서 그렸어?" "피아노 연습할 때 그만두고 싶지는 않았어?" "그런 마음을 어떻게 이겨냈어?"라는 질문을 해 보면 어떨까요. 아이의 이야기를 귀담아 듣고 아이의 말에 공감과 격려를 해준다면 아이 또한 결과 중심의 예술보다 과정 중에 행복하게 즐기고 다져지는 예술의 가치를 마음속 깊이 깨달을 수 있게 될 것입니다.

공교육과 사교육 사이, 예술교육의 길을 묻다

학교 예술교육에 대한 꿈은 원대하지만 여전히 우리의 학교 예술교육은 평가 중심의 교과에 머물러 있는 형편입니다. 그래서 예술교육에 관심이 있는 부모들은 아이를 어디에 어떻게 맡겨야 더 나은 예술교육을 받을 수 있을지 고민할 수밖에 없습니다. 어린아이의 예술교육은 전공을 시킬 게 아니라면 가정에서 스스로 하는 것만으로도 충분히 가능합니다. 그러나 공교육을 받게 되거나 또 여러 가지 이유로 학원이나 레슨 등의 사교육을 받게 된다면, 그 목적에 따라 활용하는 방법도 달라집니다.

우선 공교육으로서 예술교육이 이뤄지는 곳은 어린이집과 유치원 등의 보육기관과 학교입니다. 보육기관에서는 예술교육이 곧바로 점수로 평가되지 않기 때문에 큰 문제가 없지만 학교에 입학한 순간부터는 모든 것이 점수화되고 서열이 매겨지기 때문에 많은 아이들이 예술에 대해 흥미를 잃기 쉽습니다. 그래서 선천적으로 음치인 아이나 색약인 아이가 음악, 미술 점수를 못 받는 것은 아이의 탓이 아니라고 설명해주어야 합니다. 또, 바이올린이나 플루트 대신 리코더나 멜로디언을 불더라도 최선을 다해 연주한다면 점수와 관계없이 멋진 경험을 한 것이라고 격려해줄 필요가 있습니다. 학교의 구조적인 특성 때문에 예술적 재능조차 점수로 매겨지는 현실이지만 그것은 예술의 본질과는 전혀 다른 문제라는 점을 아이에게 이해시켜줘야 합니다.

아이들은 공교육에서의 예술교육을 통해 다양한 예술적 경험을 할 수 있고, 방과 후 프로그램에서는 새로운 흥미를 찾을 수 있습니다. 그런 가운데 아이의 재능이나 흥미가 발견된다면 그때 학원이나 개인 레슨 등의 사교육을 통해 좀 더 높은 수준으로 끌어올려주면 됩니다. 하지만 학교에서의 평가 점수를 포기하기 어렵다는 점을 빌미로 많은 사교육 예술 학원들이 변질되고 있습니다. 일부 미술학원에서는 학교의 그림 과제를 아이 대신 그려주기까지 합니다. 예술교육이 공교육과 사교육 속에서 길을 잃고, 당장 눈앞의 점수를 위해 평생 동안 즐기고 누려야 할 예술의 가치와 잠재력을 아이들에게서 빼앗아버리고 있습니다

그러므로 아이를 학원에 보낼 때에는 더욱더 세밀히 따져봐야 합니다. 커리큘럼을 꼼꼼히 살피고, 결과보다는 과정을 중심으로, 완성보다는 즐겁고 재미있게 할 수 있는지를 따져서 우리 아이들이 돈을 들이고도 예술을 싫어하는 아이가 되지 않도록, 예술교육 속에서 길을 잃지 않도록 만들어줘야 합니다.

예술 참여 교육의
목적
　　　　　　　　　　　예술교육을 진행하는 학교의 교사나 학원 강사 그리고 방과 후 수업을 맡는 예술강사들은 미술이나 음악, 무용, 연극 등 예술을 전공한 사람들이 대다수입니다. 전공을 했기 때문에 좀 더 전문적으로 그 분야를 가르칠 수 있고 더 높은 수준으로 이끌 수도 있겠지만, 많은 예술강사들이 범하는 오류가 바로 여기서 생기기도 합니다. 교수법과 육아는 자신이 어린 시절 받아본 경험대로 답습하기 쉬운 것처럼, 자신이 전공을 하려고 교육받았던 방식으로 아이들을 대하거나 가르치기 쉽다는 것입니다.

아이들은 다양한 목적과 의도를 가지고 예술교육을 받습니다. 또 어떤 아이들은 아직 예술교육의 목적이나 필요성을 미처 알지도 못합니다. 아이들에게 바로 악기를 쥐어주거나 그림을 그리게 하기 전에 먼저 예술이 얼마나 가치 있고 즐거운 것인지를 알려주는 것이 중요합니다. 만약 아이들을 전공자를 위한 교육 방식으로 틀에 가두고 코스에 맞춰서 가르치며 진도와 성과에만 치중한다면

by 임대균 @ 바라뮤지컬단

by 공은영 @ 우리음악연구소 공그르기

기술적인 실력은 빠르게 늘 수 있겠지만, 지속될 수 있는 관심과 흥미는 금방 잃어버리고 말 것입니다. 뿐만 아니라 예술을 통해 아이의 삶에까지 열망과 에너지를 불어넣게 되는 예술 본연의 역할도 놓쳐버리게 됩니다. 어린 시절에 피아노학원이나 학교에서 오랜 시간 음악 교육을 받고 피아노를 어느 수준까지 쳤는데도 불구하고 예술과 담쌓고 사는 어른들이 많은 것도 바로 기능과 결과 중심의 예술교육이 낳은 부작용입니다.

전공자를 키우기 위한 예술교육과 예술을 즐기는 애호가로 키우기 위한 예술교육은 분명히 다릅니다. 전공자 역시 예술을 즐기는 교육이 선행되지 않는다면 불행한 직업인, 기능인이 될 수밖에 없을 것입니다. 그러므로 예술교육자들은 기술을 가르쳐주고 빠른 결과물을 만들어내기 이전에 아이가 그 수업을 통해 성장하고 즐거워하며 예술을 사랑할 수 있게 이끌어줘야 합니다. 필요하다면 아동 발달에 관한 공부와 교수법에 대한 공부도 지속적이고 적극적으로 해야 할 것입니다.

아인슈타인은 "교육의 목적은 인간적인 사람을 만드는 데 있다. 창조적인 표현을 할 수 있도록 돕고 앎을 통한 기쁨을 깨우쳐주는 것이 교육자가 할 수 있는 최고의 기술이다."라고 말했습니다. 조금 늦고 조금 시간이 걸려도 창조와 창작을 기반으로 아이에게 예술적 기쁨을 깨우쳐 주는 것이 예술 참여 교육의 목적이고, 예술교육자의 소명입니다.

예술교육에는
졸업이 없다?

많은 부모들은 피아노학원이나 미술학원을 언제까지 보내야 하는가에 대한 고민을 한 번씩 하게 됩니다. 아이가 학원에 다니기 싫다고 할 때나 학년이 올라가면서 학업에 쏟아야 할 시간이 늘어날 때면 학원과 레슨을 계속 보내야 하나 말아야 하나 고민이 되는 것입니다.

이러한 고민은 예술교육에 대한 두 가지 오해에서 비롯된다고 할 수 있습니다. 첫째는 예술교육은 어릴 때만 하면 되지 않느냐는 오해입니다. 학습량이 많아지는 고학년이 될수록 예술교육을 계속 시킬 필요가 없을 것이라는 생각인 것입니다. 그러나 예술교육은 건강한 정서와 균형 있는 좌·우뇌의 발달을 위해서라도 생애 전 기간에 걸쳐 반드시 필요한 활동입니다. 한국 평생교육 프로그램 분류 체계에서도 '예술교육은 문화예술적 상상력과 창의력을 촉진하고 문화예술 행위와 기능을 숙련시키는 일련의 과정과, 일상생활 속에서 문화예술을 향유하고 접목할 수 있는 능력을 개발하는 평생교육'이라고 정의하며 예술교육을 우리 모두에게 중요한 평생교육 중 하나로 다루고 있습니다.

다만, 나이나 상황이 바뀌어감에 따라 배우고 즐기는 방법이 달라질 뿐입니다. 예를 들어, 뇌 발달의 적기이자 시간적 여유가 있는 유아기에는 아이가 원하는 대로 다양한 예술적 경험을 하게 해줄 수 있고, 초등학교 때에는 본격적으로 방과 후 예술교육이나 미술·음악·무용학원 등을 통해 심화 과정을 거치고, 중·고등학교 때는 아이의 의지에 따라 스스로 연습하게 하거나 오케스트라 모임과 댄스 동아리 등 또래들과의 모임을 통해 자율적으로 즐겁게 할 수 있는 환경을 열어주는 것입니다.

예술교육에 대한 둘째 오해는 반드시 학원이나 전문가를 통해 배워야 하는 게 아니냐는 것입니다. 그러나 수학 공부만 하더라도 학교 수업만으로는 부족해 학원에 다니거나 과외를 받는 아이도 있고, 또 학교 수업과 자기 주도 학습을 통해 스스로 공부하는 아이도 있는 것처럼 예술교육도 학교나 학원, 레슨을 받으며 하는 것만이 전부가 아닙니다. 처음 예술 분야를 시작하거나 스스로 하는 것이 어려운 나이에는 학원이나 전문가 등의 지도가 필요하지만 아이가 성장해 스스로 목표와 전략을 세우고 연습을 해나갈 수 있다면 예술도 자기 주도 학습이 가능합니다. 혼자 그림을 그리거나 악기를 연습하고, 친구들과 연극을 하거나 춤을 추는 등 스스로 예술을 통한 성장을 이뤄내고 즐길 수 있는 아이라면 학원에 다니거나 레슨을 받지 않더라도 예술의 효과를 충분히 누릴 수 있습니다. 예를 들어, 고학년이 되어 학업이나 진로에 대한 스트레스가 생길 때 예술을 통해 충만한 위안과 활력을 변함없이 얻을 수 있습니다.

아이가 스스로 연습할 수 있다면 음악·미술·무용학원을 언제든 그만두게 할 수 있지만 예술을 스스로 접하고 즐기는 활동만큼은 아이의 정서를 위해서라도 그만두게 할 수 없고 또 그만두어서도 안 된다는 것을 잊지 말아야 하겠습니다.

창 의 력 을
키 워 주 는
미 술 교 육

미술 교육은 아이들이 가장 쉽게 접하는 예술교육입니다. 어느 수준과 연령에 이르기 전까지는 음악 교육과 연극 교육에 비해 미술 교육은 교사의 개입이 가장 적다고 할 수 있습니다. 아이들은 손에 무언가를 쥘 수 있을 때부터 색연필이든 볼펜이든 가리지 않고 여기저기 자신만의 그림을 그려나갑니다. 아이들은 미술을 통해 인간만이 갖고 있는 감성과 창의성을 향상시킵니다. 또 자신의 내면을 표출하고 사회나 개인이 지닌 관습을 탈피하는 일탈의 기회로 삼기도 합니다. 반 고흐는 색채를 통한 표현이 연인의 사랑과 마음의 신비로운 떨림, 어떤 사상과 어떤 희망, 그리고 사람의 열정을 보여주는 것이라고 정의하기도 하였습니다.

미술 교육은 대표적인 창의성 교육이라고 할 수 있습니다. 또한 아이들의 다양한 발달을 돕는 교육이기도 합니다. 그림은 관찰을 통해 사물을 이해해야 그릴 수 있으므로 이 과정에서 지적 발달을, 자신의 생각을 표현하는 작업을 통해 정서적 발달을 돕습니다. 발상을 끝내고 그림을 그리게 될 때 머리로 생각한 것을 손으로 그려내는 과정에서 소근육과 두뇌를 발달시킵니다. 하지만 그림을 그리는 것만으로 창의력이 발달되지는 않으며, 단순히 무언가를 보고 따라 그리는 것은 전혀 도움이 되지 않습니다. 미술로 창의력을 키우려면, 아이 스스로 그리고 싶은 생각이 들도록 동기 부여가 중요하고, 다양한 재료와 도구 중에서 가장 알맞은 것을 찾는 탐색 활동을 충분히 할 수 있어야 합니다. 또한 아이가 어른의 도움이나 개입 없이 스스로 표현 활동을 함으로써 자신이 그린 그림에 대한 애착과 만족감을 느끼고 주변으로부터 인정을 받는 게 중요합니다.

지금까지 우리 교육에서 미술 활동은 대부분 기술 습득을 통한 결과 중심이었거나 사조와 기법을 이해하는 이론 중심이었습니다. 하지만 최근에는 아이들이 가진 생각과 이야기를 끌어내는 과정과 표현 중심의 교육으로 조금씩 바뀌어가고 있으며, 이는 매우 긍정적인 변화입니다. 미술 교육은 아이가 그 무엇이든 재료로 삼아 모든 것을 표현할 수 있다는 것을 전제로 하고 있습니다. 아이들은 다양한 예술 재료들을 마주하게 되고 이 재료들을 활용해 자신의 감성을 표현하거나 자기 자신과 자신의 생각, 아이디어를 전달합니다.

따라서 아이의 발달단계에 맞는 적절한 기능 습득 교육도 필요하지만, 미술 기법 교육에만 치우쳐 미술의 주된 목적(즉, 아름다움의 추구, 감정이나 생각의 발산과 표현, 전달)이 뒤바뀌거나 사라지는 것은 경계해야 합니다. 지금까지 우리가 미술 교육의 전부라고 믿어왔던 수채화나 유화, 판화와 같은 기법 교육은 아이의 발산과 표현, 전달을 보다 효과적으로 하기 위한 보조적 도구라고 할 수 있습니다.

발달단계에 따른
미술 참여 교육

현대 미술 교육에 가장 광범위한 영향을 준 교육학자인 로웬펠드는 아동의 미술 능력의 발달은 정서적·지적 발달과 더불어 단계적으로 일어난다고 보았습니다. 또한 각 발달단계는 그림에서 반복적으로 보여주는 일정한 특징이 있으며, 이러한 발달은 나이에 따라 이루어진다고 보고 여섯 단계로 나눴습니다. 로웬펠드의 아동 미술 발달단계에 따라 어린이의 미술 참여 교육을 다음과 같이 접근해볼 수 있습니다.

1단계 2~4세 '난화기'

소근육 발달의 과제를 이루는 시기입니다. 찢거나 구기거나 낙서를 하는 등 목적과 의미가 없는 활동을 통해 처음으로 자기표현을 즐기고 이루는 단계라고 할 수 있습니다. 아이의 활동이 아무것도 아닌 것 같아도 "종이가 구겨졌네!" "보라색 선을 잘 그었다!"

와 같이 주어와 동사로 이루어진 문장을 사용해 아이의 행위와 어휘를 연결시켜주는 것이 좋습니다. 또, 아무렇게나 선을 그려놓고는 '고래'라고 이름을 붙여도 "고래가 참 예쁘고 멋지다!"라고 칭찬과 격려를 아끼지 말아야 합니다. 이때의 경험이 아이의 언어와 감성, 두뇌 발달뿐만 아니라 훗날의 문화예술 생활에 대한 인식을 좌우할 수 있기 때문입니다.

2단계 4~7세 '전도식기'

미술 활동이 가장 활발하고도 창의적인 시기여서 아이의 그림 하나만으로도 가족에게 웃음과 이야깃거리를 만들어주는 시기이기도 합니다. 점차 의식과 의도를 가지고 표현을 하게 되고 자기가 본 것보다는 아는 것을 위주로 주관적인 색상과 모양을 선택하여 그려나갑니다. 엄마, 아빠와 같은 가까운 사람이나 나무, 태양 등을 주로 그리는데 모든 것을 자기중심적으로 표현하기 때문에 작품을 통해 아이의 마음이나 관심사를 들여다보기가 쉽습니다. 말이 많은 친구의 입을 유독 크게 그린다거나 자동차를 좋아하는 아이가 모든 그림마다 자동차를 그려놓는 것이 그런 예라고 할 수 있습니다. 이 시기는 그 어느 때보다도 아이의 작품이 이상해 보일 수 있지만 아이의 창의성이 날개를 펴는 시기이니만큼 작품에 대해 개입하거나 비난하는 일을 삼가는 것이 좋습니다.

3단계 7~9세 '도식기'

이 시기는 사물의 형태와 개념을 이해하고 자기와 사물과의 관계를 분리하여 바라보고 도식화하여 표현합니다. 자기 주관이 강해져서 자신이 생각하는 중요도에 따라 표현을 강조하기도 하고 생략하기도 합니다. 공주와 로봇, 자동차 그림이 많아지는 시기이기도 합니다. 태양은 붉은색, 바다는 파란색으로 사물의 색채를 발견하게 되고 공간과 입체에 대한 개념, 또 바다와 하늘의 경계 등에 대한 기저선의 개념도 생깁니다. 이 시기에는 아이가 경험한 것에 따라 표현의 방법이 달라지고 개성과 창의성도 극적으로 나타납니다. 그런 만큼 부모와 교사의 개입이나 의도가 들어가지 않도록 주의하면서 칭찬과 지지를 아낌없이 보내주도록 합니다. 이 시기의 아이들은 그림을 그리는 것이 가장 행복한 일입니다.

4단계 9~11세 '사실기'

이때부터는 자기중심으로 판단하고 표현하던 것이 점차 사라져 사람과 사물에 대해 보다 객관적이면서도 사실적인 표현을 하기 시작합니다. 수채화나 소묘 등의 재료와 표현 기법을 가르치면 효과적으로 습득할 수 있는 시기이기도 합니다. 이때는 사실이나 공간, 장식적 표현에 집착하게 되는데, 그러다 보니 어려움을 느끼고 점차 미술에 흥미를 잃어가는 아이도 많아집니다. 그러므로 사실적인 묘사보다는 아이들이 좋아하는 것과 관심 있는 것을 만들게 하고 잘하는 아이와 비교하지 않는 것이 미술 활동에 대한 즐거움을 잃지 않게 하는 방법입니다.

5단계 11~13세 '의사실기'

공간과 배경, 원근과 입체 등 삼차원적 공간과 외계까지 인식을 하게 되는 시기입니다. 이렇게 복잡한 자신의 생각에 비해 표현 능력이 따라가지 못할 때 대부분의 아이들이 미술에 대한 흥미를 완전히 잃어버리고 미술 교육을 멀리하게 됩니다. 하지만 이때 재능을 발견한 아이는 미술에 대해 애정을 갖고 보다 높은 단계로 올라가기도 합니다. 그러므로 아이 각각의 흥미와 관심을 이해하는 것이 중요합니다. 직접 그리는 것에 대한 흥미를 잃어버린 아이에게는 미술 감상이나 디자인, 애니메이션 등 보다 다양한 기법과 다양한 볼거리가 있는 분야로 관심을 돌려주는 것 등이 좋은 방법입니다.

6단계 13~17세 '결정기'

1~5단계를 거치는 동안 소질이 있든 없든 미술 활동에 대해 충분한 지지를 받지 못한 아이들은 사춘기가 되면서 대부분 미술 수업이 쓸데없다고 여기고 그림 그리는 것에 대한 흥미를 완전히 잃어버리게 됩니다. 그러나 앞의 각 단계별 시기들을 지지와 칭찬을 받으며 미술 활동을 즐기면서 지내온 아이라면 자신이 아는 세계

를 기반으로 오히려 창조적인 작업이 이뤄질 수 있는 시기입니다. 보다 정교하면서도 창의적인 자기만의 미술 표현 유형이 정해지는데, 눈에 보이는 대로 표현하는 시각형과 감각에 의존하는 촉각형, 두 가지가 어우러져 원근감과 명함 표현에 익숙한 중간형 등으로 나뉩니다. 이 시기의 아이가 최대한 다양한 사조와 기법, 표현 유형에 알맞은 다양한 미술 재료들을 만날 수 있게 지도해준다면 아이만의 독창적인 스타일을 만들고 발산하는 데 도움을 줄 수 있습니다.

로웬펠드는 전체적으로 조화로운 성장을 위해 아이의 발달단계를 이해하고 그에 알맞은 동기부여와 지도가 이루어져야 한다고 보았습니다. 이와 같은 관점으로 볼 때 미술 교육에서 아이의 발달단계별 특징을 이해하는 것은 매우 중요합니다. 아이의 발달단계를 이해하면 어른의 관점에서 아이의 그림이 조금 이상해 보이거나 부족해 보여도 성장 과정에서 보이는 자연스런 표현임을 알 수 있고, 그만큼 부모나 교사의 개입도 최소화될 수 있기 때문입니다. 또한 동기부여뿐 아니라 미술 재료와 주제 등도 발달단계에 알맞게 선택할 수 있고, 결과보다는 과정을 중심으로 지도할 수 있습니다.

아이의 성향과 특성에 따른
미술 참여 교육   아이들은 기본적으로 탐색의 시간

을 거친 뒤 표현을 하는 단계를 가집니다 이때는 여러 가지 명자이

나 재미있는 소재들을 보여주어 낯설게 보기도 하고 비틀어 보기도 하고 또 장난을 쳐보기도 하는 등 다양한 활동을 통해 창의적인 지평을 넓혀주는 것이 중요합니다.

또 아이의 성향이나 특성에 따라서 미술 교육 활동이 달라질 수도 있습니다. 여자아이들은 명사를 그리고 남자아이들은 동사를 그린다는 말이 있습니다. 여자아이들이 그린 공주 그림을 살펴보면 상황보다는 공주 모습 자체에 집중되어 있습니다. 그러나 남자아이들이 그린 자동차 그림을 보면 단순히 자동차를 그렸다기보다는 경주중인 자동차, 사고가 난 자동차, 불을 끄고 있는 소방차 등 동작을 표현하고 있는 경우가 많습니다. 그러므로 그림이 이상하다고 섣불리 판단하기에 앞서 그림에 대한 아이들의 이야기를 끝까지 듣고 대화하는 것이 도움이 됩니다.

내성적인 성격의 아이에겐 미술을 통해 발산할 수 있는 기회를 주는 것이 좋습니다. 큰 종이에 손이나 발, 또는 큰 도구들을 이용해서 물감을 마음껏 찍어보게 하거나, 물감을 붓으로 흩뿌리거나 신문지를 뭉쳐서 큰 작품을 만드는 등 즉흥적이면서도 자율성이 큰 작업을 할 수 있게 해줍니다. 아이가 또래에 비해 성장 발달이 느린 편이라면 보다 적극적이고 꾸준한 미술 활동을 통해서 소근육과 감각을 키워줍니다. 밀가루 점토나 찰흙을 조물조물 갖고 놀거나 크레용과 색연필을 이용해 여러 가지 그림을 그려보고, 가위로 오리고 붙여보는 등의 활동이 도움이 됩니다. 실제로 미술치료에서도 활용되는, 아동 발달에 좋은 활동들입니다.

미술 활동을 할 때 아이 앞에 펼쳐진 하얀 종이는 아이가 꿈꾸고 상상하고 꾸며갈 수 있는 아이만의 자유 공간입니다. 여기에 아이는 어떤 재료든 어떠한 색깔이든 마음껏 칠하고 활용할 특권도 있습니다. 아이에게 이 자유와 특권을 인정해줄수록 아이는 거기에다 무엇이든 마음껏 쏟아낼 수 있게 됩니다. 그것이 어른들은 생각하지도 못하는 창의적인 발상일 수도 있고, 혹은 아이가 느끼는 슬픔이나 기쁨의 감정일 수도 있습니다. 창의성은 물론이고 발산과 표현을 통해 건강한 정서를 지켜가게 하는 것이 미술 교육이 아이에게 줄 수 있는 최고의 선물입니다.

인내심과 집중력을 키우는 음악 교육

음악, 미술, 연극, 무용 중에 우리에게 가장 가까이 있는 예술 분야
는 무엇일까요? 어린 시절에 부르던 동요에서부터 평상시 즐겨 듣
는 가요와 팝, CCM과 같은 종교음악과 재즈, 클래식, 그리고 드라
마나 영화의 OST까지… 생각해보면 예술을 잘 모르고 예술의 필
요성을 못 느끼는 사람에게도 음악만큼은 거의 전 생애에 걸쳐 늘
가까이에서 적잖은 영향을 미치고 있습니다. 예전에는 음악을 수
동적으로 들으며 소비하는 문화였지만, 최근에는 음악 오디션 프
로그램이 인기를 얻고 또 생활 음악 교육이 자리를 잡아가는 등 음
악 교육 역시 새로운 전성기를 맞고 있습니다. 어린 시절에 경험하
는 음악 교육은 아이의 뇌 발달과 언어능력, 학습능력 발달에 도움

이 됩니다. 반복적이고 지속적인 연습을 필요로 하는 만큼 아이의 인내심과 항상성, 집중력과 기억력 향상에도 긍정적인 영향을 끼칩니다. 지금껏 피아노학원에 보내는 것만으로 음악 교육이 충분하다고 여겼다면, 이제부터라도 어떻게 바람직한 음악 교육을 할 수 있을지 고민해볼 필요가 있습니다.

발달단계에 따른 음악 참여 교육

국내 한 연구 조사에 따르면 남자아이보다는 여자아이의 부모가 음악 교육에 대한 중요성을 더 크게 느끼고, 3~5세경이 음악 교육을 시작하기에 가장 적합한 연령이라고 인식하는 것으로 나타났습니다. 음악 참여 교육을 과연 언제 어떻게 시작해야 하는지 알기 위해서는 아이의 음악적 능력이 어떤 발달 과정을 거치는지를 먼저 이해해야 합니다.

일반적으로 아이들은 두 돌 전후가 되면서부터 노래를 듣고 따라 부르기 시작합니다. 그러므로 누가 가르칠 것도 없이 동요와 클래식을 듣고 엄마와 함께 노래를 따라 부를 때 이미 훌륭한 음악 교육이 시작되었다고 할 수 있습니다. 3세가 지나면서부터는 들리는 음의 구성을 이해할 수 있고, 두드려서 소리를 내는 악기나 단순한 건반악기의 연주도 조금씩 가능해집니다. 다양한 음악적 자극을 받아들일 수 있는 시기인 만큼 부엌과 집 안의 여러 도구들을 이용해 아이와 함께 간단한 악기를 만들어보거나 율동을 함께하면서 온몸으로 음악을 받아들여보는 게 좋습니다.

5세 전후가 되면 음과 리듬, 높낮이의 차이를 이해하고 구별할 수 있게 됩니다. 복잡한 구성의 음악이나 악기에 관심을 가질 수 있어서 재능에 따라 본격적으로 악기 교육을 시작해도 되는 나이입니다. 다만 부모가 먼저 피아노나 바이올린 등의 악기를 정해주기보다는 흔히 볼 수 있는 리코더나 멜로디언을 비롯해 다양한 악기들을 만지고 경험해보게 해주어 아이 스스로가 매력을 느끼는 악기로 정하도록 하는 것이 바람직합니다.

7세 전후에는 음정을 크게 벗어나지 않으면서 노래를 잘 부를 수 있게 되고, 점차 화음과 리듬까지 이해할 수 있습니다. 합창단이나 교회 성가대에 참여하여 화음의 완성과 협동심을 배우는 것도 도움이 됩니다. 9세가 되면 음악심리학자들이 말하는 음악적 선호와 재능이 고착되는 단계가 옵니다. 9세 이전에 충분한 음악적 자극을 받았느냐 그렇지 못했느냐가 평생의 음악적 재능과 선호에 영향을 준다는 것입니다.

아동학자 피아제는 구체적 조작기인 7세부터 음악 인지적 특성, 즉 악보 읽기와 박자감, 조성감, 또 다양한 악기를 다룰 수 있는 능력이 최고치로 발달한다고 말합니다. 그러므로 가정에서의 음악 교육은 아기 때부터 꾸준하고 충분하게 이뤄져야 하지만 본격적으로 악기 등의 음악 교육을 받는 것은 5~7세가 적절하다는 것입니다.

음악 교육의 첫 단추는
청음 교육부터

많은 부모들이 음악 교육이라고 하면 피아노학원에 보내는 것부터 생각합니다. 실제로 우리나라의 어린이들이 받고 있는 음악 교육이 대부분 피아노와 바이올린이라는 조사 결과도 있습니다. 그러나 많은 음악 교육학자들은 음악 교육이 음악을 분석하고 이해하고 즐기는 청음 교육에서부터 시작되어야 한다고 말합니다.

그러므로 악기를 쥐어주기 이전에 청음, 즉 듣기 훈련을 먼저 시켜주는 것이 중요합니다. 외국에서는 오케스트라에 입단한 아이에게 악기를 가르치는 대신 수개월 동안 청음 교육을 먼저 합니다. 곧바로 악기를 먼저 쥐어주고는 음계를 잡아가며 기술적인 훈련부터 시작하는 우리의 교육과는 사뭇 다릅니다. 아이들은 오감 중 청각이 가장 먼저 발달하기도 하고 또 다양한 음색과 다양한 악기, 다양한 리듬을 접한 아이가 연주나 작곡 교육을 받을 때도 보다 수월하게 배운다고 알려져 있습니다. 듣는 교육, 청음 교육이 중요한 이유입니다.

가끔씩 TV 방송에서 북한의 어린이들이 아주 어린데도 노래나 악기 연주를 맛깔나게 하는 모습을 볼 수 있습니다. 개인적으로 매우 흥미로웠는데, 북한 어린이들의 청음 교육 수준이 매우 앞서 있다는 또 다른 보도를 접하고서야 충분히 그럴 만하다고 공감했던 기억이 있습니다. 그 보도 방송에 의하면, 평양이 한 유치원에서는 글자를 모르는 5세반 아이들을 위해 '도레미파솔라시도'의 음계를 토마토, 레코드, 미역, 화분, 솔, 라디오, 씨름이 그려진 그림 카드로 구분하고는 각 음이 연주될 때마다 해당되는 그림 카드를 가져오도록 하는 포도따기 놀이를 하기도 합니다. 또 아이들에게 길고 짧은 연주를 반복적으로 들려주어 그 길이만큼만 움직이도록 하는 기차놀이도 합니다. 줄리아드 음악학교의 마스터 클래스 지도교수인 장 파시나도 어린이들에게 들리는 음의 색깔과 높이, 길이, 세기 등을 분간하게 하는 청음 교육이 매우 효과적이라고 말합니다. 북한 유치원에서처럼 아이와 함께할 수 있는 쉽고 재미있는 청음 놀이로 음악 교육의 첫 단추를 잘 끼워놓는다면 아이가 본격적으로 악기를 배우는 시기가 되었을 때 보다 큰 흥미와 재능을 발휘할 수 있을 것입니다.

음악 교육에서 중요한 악기 선택의 기준

아이가 연주할 악기를 선택하는 것은 이사 갈 집을 알아보는 것과도 같다고 생각합니다. 전월세로 살고 난 뒤에 다른 집으로 이사 갈 수도, 집을 구입해서 오래 살 수도 있겠지만 최소 1~2년은 머물러야 한다는 점에서 집의 상태와 주위 환경을 꼼꼼히 살피지 않을 수 없기 때문입니다. 악기도 한번 정해서 레슨을 시작하게 되면 단기간에 바꾸기가 쉽지 않은 만큼 아이가 좋아하고 신체적으로나 정서적으로나 아이와 가장 잘 맞는 악기를 친구로 만들어주는 것이 중요합니다.

일반적으로 피아노를 첫 악기로 삼는 것은 연주법이 어렵지 않기도 하지만 곡의 변화가 많아 재미를 느끼기도 쉽고 다른 악기에 비해 악보 읽는 것을 빨리 배울 수 있기 때문입니다. 그러나 대다수의 아이들이 피아노를 배운다고 해서 내 아이도 피아노를 배울 필요는 없습니다. 가장 중요한 것은 아이의 취향과 선호도를 우선적으로 고려해야 한다는 것입니다. 오케스트라의 연주 실황이나 실연을 자주 보여주면서 아이와 함께 매력적인 악기를 탐색해보는 것은 좋은 방법입니다. 어떤 아이는 심벌즈나 드럼과 같이 타악기의 연주를 멋있게 생각하고, 또 어떤 아이는 플루트나 바이올린처럼 작고 예쁜 악기를 선호하기도 합니다. 음역대와의 궁합 또한 중요한데 연습을 하는 동안 하루 수 시간씩 들어야 하는 소리인 만큼 아이가 예민해지지 않고 안정감을 느끼는 소리의 악기를 선택하여야 합니다. 어떤 아이는 피콜로나 바이올린의 고음을 좋아하지만, 또 어떤 아이는 클라리넷이나 첼로의 차분한 저음을 선호하기도 하니까요.

또 아이의 신체적인 조건도 고려해야 합니다. 아이가 너무 어리고 체구가 작으면 콘트라베이스나 색소폰처럼 크고 무거운 악기를 연주하기가 어렵습니다. 바이올린과 같은 현악기들은 아이의 연령에 맞게 1/4, 1/2 사이즈의 악기가 있으니 적절히 활용하면 됩니다. 또, 아이의 폐활량이 좋은 편이라면 트럼펫이나 호른처럼 멋진 금관악기에도 도전해볼 수 있지만, 그렇지 않다면 불기에 조금은 편한 플루트나 아예 호흡과 상관없는 현악기나 건반악기를 배우는 편이 낫습니다. 아이의 성향도 고려해야 하는데 귀가 민감하고 예민한 아이일수록 귀 가까이에서 연주되는 악기를 그렇지 않은 사람보다 꼼꼼하게 배울 수 있습니다. 귀와 가장 가까운 악기는 바이올린이고 가장 먼 악기가 건반악기나 첼로라고 합니다.

아이들은 자라면서 좋아하는 악기가 바뀌기도 하고 새로운 악기에 흥미를 가지게 되기도 합니다. 그때마다 이유 없이 너무 쉽게 바꿔줘서도 안 되겠지만, 그간 투자된 시간과 경제적 비용이 아까워서 아이가 새로운 악기를 배울 기회를 막는 것도 바람직하지 않습니다. 아이가 성장한다는 것은 몸만 크는 것이 아니라 정서와 감정, 또 스스로 느끼는 멋과 개성도 바뀌는 것을 의미하기 때문입니다. 이런 관점에서 볼 때 바이올린을 배우던 아이가 중학생이 되면서 전자기타에 관심을 갖거나 피아노만 쳤던 아이가 드럼을 배우고 싶어 하는 것은 매우 자연스러운 일일 수 있습니다. 음악 교육은 꼭 콩쿠르에 나가고 전공을 하지 않더라도 중요한 성장기에 좋은 정서적 친구를 얻는다는 것만으로도 충분한 가치가 있습니다. 성장하는 아이의 선택과 취향을 믿어주고 지지해주는 것도 중요합니다.

공감과 협동의 의미를 심어주는 연극 교육

교육부가 2015년부터 예술교과 일반선택 과목에 처음으로 연극을 포함시킨다는 교육과정 개정안을 발표했습니다. 중·고등학교의 예술 수업 시간이 기존의 음악, 미술 수업을 진행하기에도 턱없이 모자라는 탓에 여러 가지 논란을 낳고 있지만, 연극이 이제라도 정규 과목에 포함된다는 게 우선은 반가운 마음입니다.

연극 교육은 예술교육 중 가장 관계지향적인 전인교육이라고 할 수 있습니다. 연극 교육은 다른 사람과의 협력을 두려워하지 않도록 협동성과 사회성을 길러주기 때문입니다. 아이들은 연극 속 인물을 연기하면서 안전하게 제3자의 삶을 경험해볼 수도 있고, 타인을 연기해봄으로써 자신의 삶을 들여다볼 수도 있습니다. 그래서 미국의 어린이 연극 연출가이자 연극 교육자인 위니프레드 워드는 연극 교육의 핵심이 아이로 하여금 다른 사람의 생각과 느낌에 더욱 민감해지도록 만드는 데 있다고 하였습니다. 연극 속에서 아이는 수많은 관점과 행위, 실수와 열망, 그리고 갖가지 반성적 사고를 경험할 수 있기 때문입니다. 미국의 여러 주에서는 이미 1950년대부터 연극이 정규 교과목으로 지정되었습니다.

어린아이들을 위한
연극놀이와 창의적 연극   1920년대에 위니프레드 워드는 연극놀이Creative Drama 의 개념을 만들었습니다. 연극놀이는 무대 공연을 위한 연극 교육이 아니라 관객 없이 아이들 스스로가 참여하고 만들어내는 즉흥적인 활동을 말합니다. 즉, 과정 자체가 목적이 되는 교육이고 놀이인 셈입니다.

영·유아 시기에 이뤄지는 부모와 자녀 간, 또 형제들 간의 놀이는 대부분 자발적으로 배역을 나누고 상황을 만들어 연기하는 연극놀이 그 자체로 볼 수 있습니다. 돌도 안 지난 아기에게 엄마가 "호랑이는 어흥! 참새는 짹짹!" 하고 흉내 내는 것부터 "우리 아기 잡으러 가자~" 하고 쫓아가는 악당 역할을 하는 것, 또 여자아이가 엄마와 미용실 놀이를 하거나 병원놀이, 부부 배역을 나눠 소꿉놀이를 하는 것도 사실은 가상의 역할을 연기하고 체험하는 연극놀이 활동의 일부인 것입니다.

좀 더 자라면 아이들은 보다 적극적으로 배역을 정하고 구체적인 상황을 설정합니다. 여자아이들은 인형놀이를 통해, 남자아이들은 장난감 자동차나 칼싸움을 통해 배역에 이입하는데, 이때 아이들은 종이 상자로 인형 집을 만들거나 큰 종이에 장난감 자동차가 다닐 도로를 직접 그려보면서 연극놀이가 이루어질 무대를 만들기도 합니다. 별도의 개입이나 교육이 필요 없을 만큼 완전한 배우이자 창조적인 연출가가 되는 것입니다.

이때 부모와 교사의 역할은 자신의 배역을 충실하게 연기하는 것입니다. "엄마는 공룡이고 나는 날아다니는 익룡 할게."라고 공룡시대 연극놀이를 시작했다면 엄마는 최선을 다해 공룡이 되어줍니다. 더불어 아이가 신체 활동을 통해 대근육 발달이 함께 이뤄질 수 있도록 더 많은 몸짓놀이와 즉흥놀이를 제안해 보는 것도 좋습니다. "공룡이 갑자기 절벽에서 떨어졌어. 익룡이 어떻게 날아와 구해주지?"와 같은 식으로 끊임없이 새로운 상황을 만들어내 아이의 상상력과 몸짓, 소리와 대사들을 이끌어내 주는 것입니다. 또 그림자극이나 인형극, 동물 흉내내기나 소품을 활용한 연극놀이와 같이 새로운 자극이 되는 표현 방법에도 도전해보면 좋습니다. 자기 안의 집중력과 창의성을 연극놀이로 끌어올리다 보면 아이는 표현력과 자신감, 자긍심을 크게 키울 수 있습니다.

협동성과 사회성을 길러주는
연극 교육

　　　　　　　　　　　　교육학에서는 '연극 교육'이 연극 공연을 위한 예술교육이라면, '교육연극'은 교육을 목적으로 하는 연극 활동을 의미합니다. 그러나 둘 다 연극이 매개가 되어 아이의 성장을 돕는다는 점에서는 같기 때문에 여기에서는 연극 교육이라는 말에 두 가지 의미를 함께 담아 이야기하겠습니다. 아이가 초등학교 고학년이 되거나 중·고등학생이 되면 단순한 놀이를 넘어 관객 앞에서 연극 공연을 할 수도 있고, 보다 넓은 의미의 연극 교육을 수행할 수도 있게 됩니다. 관객을 대상으로 하는 공연을 할 때에는 시작부터 끝까지 아이에게 새로운 경험이 될 수 있습니다. 일반적으로 아이들이 연극 한 편을 무대에 올리는 연극 교육을 받을 때는 사전에 왜 이 공연이 필요한지, 주요 관객은 누구인지, 어떠한 메시지를 주고 싶은지 등의 이야기로 시작됩니다. 그 뒤 극본이 나오고 배역과 스태프가 정해지면 연습 기간 동안 아이들은 자기 역할에 대한 책임감과 함께 협동성과 사회성을 기르게 됩니다. 그리고 점차 연극이 완성되어가는 과정을 지켜보면서 자긍심과 객관적 사고 능력도 기를 수 있게 됩니다.

　관객을 대상으로 하지는 않지만 아이들 스스로 문제에 대한 비판 의식을 가지는 연극 활동도 교육적인 효과가 큽니다. 똑같은 문제라도 연극을 통해 가상의 인물과 상황을 경험해보면 공감과 이해가 보다 커지기 때문입니다. 예를 들어 왕따를 당하는 아이나 장애인에 관한 연극을 통해 그 역할을 가상으로나마 경험하도록 하면, 아이들에게서 훨씬 활발한 토론과 논의를 이끌어낼 수 있습니다. 교육연극학자인 도로시 히스콧이 연극 교육의 주요한 목적이 "이미 아이들 속에 있었지만 아이들이 미처 깨닫지 못한 것을 끄집어내는 일"이라고 말한 것도 같은 맥락일 것입니다.

아이가 자라 고학년이 될수록 예술교육에 시간을 내는 것이 부담스러울 수도 있겠지만, 오히려 연극 수업만큼은 참여할 수 있도록 환경을 만들어줄 필요가 있습니다. 아이가 살아가야 할 인생은 끊임없는 역할극에 가깝기 때문입니다. 훗날 취업을 하게 되더라도 직장 안에서 협상자로, 조언자로, 동료이자 관리자로 다양한 역할을 담당해야 합니다. 연극 교육을 통해 타인에 대한 공감력과 더불어 사회성과 협동성을 충분히 키운 아이라면 인생에서 감당해야 하는 많은 역할들이 부담이 되기보다는 오히려 즐거운 놀이로 느껴질 수 있을 것입니다.

전인적 성장
발달을 위한
통합 예술 교육

앞서 미술과 음악, 연극 교육에 대해 이야기했고 예술교육도 감상과 참여 교육으로 나누어 강조했지만, 사실 예술의 영역을 무 자르듯 잘라 구분하는 것은 크게 의미 없는 일일지도 모릅니다. 이미 오래 전부터 예술과 예술 사이, 예술과 다른 장르 사이의 융합과 교류는 아주 자연스러운 일이었기 때문입니다. 최근 들어 일반 교과과정에서도 어려운 수학이나 영어를 좀 더 재미있게 가르치기 위해 노래와 율동, 그림과 연극을 활용하는 사례가 크게 늘고 있습니다. 또, 예술교육 과정에서도 음악 교육을 위해 심상을 표현하는 미술 활동을 하기도 하고, 미술 사조를 이해하기 위해 동시대의 음악을 보조 자료로 활용하는 사례도 볼 수 있습니다.

이와 같이 교과목 간의 경계를 허물어 조화롭고도 효과적인 교육을 기대하는 것이 '통합 교육'이라 한다면, 그 가운데서도 음악, 미술, 연극, 무용, 문학, 미디어 등 다양한 예술 분야를 이해하고 그 경계를 뛰어넘어 보다 큰 미적 체험과 표현, 그리고 예술적 정서의 함양을 추구하는 것이 '통합 예술 교육'이라고 할 수 있습니다.

통합 예술 교육은 예술적 감성을 주관하는 우뇌와 논리를 주관하는 좌뇌를 동시에 사용하고 발달시킨다는 점에서 매우 긍정적인 교육 효과를 기대할 수 있습니다. 뇌와 신체, 각각의 감각기관에 다양한 자극을 골고루 주게 되면 더욱 균형 잡힌 성장을 이룰 수 있습니다. 통합 예술 교육은 다양한 장르의 조화를 통해 어린아이들이 충분하게 집중하고 탐색할 수 있는 자극 환경을 조성해준다는 점에서 예술교육에 매우 효과적이라고 할 수 있습니다. 더 나아가 통합 예술 교육은 상상력과 창의력뿐만 아니라 사고력과 사회성의 발달을 도울 수 있으며, 궁극적으로는 아이의 전인적인 성장을 기대할 수 있는 교육이라고 할 수 있습니다. 인지학의 창시자이자 독일의 사상가인 슈타이너Steiner가 예술적인 요소로 수업 전체를 구성하는 '교육예술'을 통해 아이의 전인적 발달을 도모하였던 것도 같은 맥락이라고 볼 수 있습니다.

통합 예술 교육이 효과적으로 이뤄지기 위해서는 예술의 각 장르뿐만 아니라 예술 감상 교육과 예술 참여 교육, 즉 '감상'과 '창작', '기능(기법)'의 세 가지 예술교육의 요소가 조화를 이루며 서

우러질 때 서로 보완과 상승을 일으키면서 가장 큰 효과를 얻을 수 있다고 할 수 있습니다.

최근 우수한 내용으로 개발되어 유치원과 어린이집의 유아들에게 적용되고 있는 누리과정의 예술교육 프로그램을 한번 살펴보도록 하겠습니다. 누리과정에서의 교수·학습 단계는 예술 감상 교육과 예술 참여 교육이 통합되어 조화를 이루는 다음의 순서로 구성됩니다. 동화책이나 그림, 영상 자료를 통한 도입 → 교육하고자 하는 활동 과제에 대한 탐색 → 미술이나 신체(동작), 소리 등을 통한 표현 → 타 예술 분야로 확대·통합한 표현 → 명화나 명작의 감상.

누리과정에서의 교수·학습 단계에 따르면, '점'에 관한 개념을 배울 때에도 관련된 동화책과 신체 표현, 음악의 스타카토와 점묘

활동명	도입	탐색	표현	통합적 표현	감상
내 몸으로 표현해요	드가의 〈발레리나〉	발레리나 탐색	발목에 종이 리본을 묶어 흐름을 물감으로 찍기	음악에 맞는 발레리나 동작 표현	이중섭의 〈춤추는 가족〉
얼굴에 다양한 표정이 있어요	뮤지컬 〈캣츠〉	나와 친구의 얼굴 탐색하기	눈, 코, 입 콜라주 구성하기	가면에 어울리는 몸짓 만들어 뮤지컬하기	여러 가지 초상화 감상
점, 선, 면이 하나가 되요	동화책 〈점〉 읽기	점, 선, 면 관계 탐색하기	질서와 무질서를 표현해보기	음악의 스타카토 듣고 표현하기	쇠라의 점묘화 〈그랑자트 섬의 일요일 오후〉

〈누리과정에 기초한 총체적 유아 미술 교육 내용 재구성 예〉

화 등 여러 장르의 다양한 자료들을 활용하여 감상하고 표현하며 통합 수업을 구성해나갑니다. 하지만 이 과정을 모두 순서대로 하자면 전문적인 수업 진행과 자료의 준비가 필요하기 때문에 가정에서는 두세 가지 정도만 응용해서 활용해도 충분합니다. 예를 들어, 동화책《점》을 읽고 나서 쇠라의 점묘화 작품 〈그랑자트 섬의 일요일 오후〉를 인터넷 검색으로 찾아본 뒤(감상), 붓으로 점을 찍으며(기법), 그림을 그리도록(창작) 유도하는 것입니다. 또 드가의 〈발레리나〉그림과 발레 영상을 인터넷에서 찾아보았다면(감상) 아이와 함께 춤동작을 만들고(창작) 발레 음악에 맞춰 발레리나가 되는 시간을 가져보는 것(기법)입니다.

이렇게 예술 감상 교육과 예술 참여 교육, 즉 감상, 창작, 기법이 음악과 미술, 무용과 문학 등의 다양한 영역을 넘나들며 예술교육의 세 가지 요소로서 조화롭게 이뤄질 때 아이들은 더 깊고 넓은 정서적 경험과 함께 창의성을 극대화할 수 있는 기회를 갖게 됩니다. 뿐만 아니라 예술교육이 단편적이고 지루한 느낌의 교과목이 아니라 즐거운 놀이나 체험의 영역으로 인식되면서 예술을 좀 더 친근하고 재미있게 받아들이게 됩니다.

스토리텔링을 활용한
통합 예술 교육
　　　　　　　　통합 예술 교육에서는 이야기를 활용하는 스토리텔링 또한 중요한 교육 방법의 요소입니다. 뉴욕의 헌

대미술관에서는 주말이면 가족과 함께하는 통합미술 교육 프로그램이 진행됩니다. 이곳에서 부모와 아이들은 작품을 감상한 다음에 작가가 왜 그 작품을 그렸는지에 대해 토론하고 각자가 또 다른 작가의 입장이 되어 다르게 표현해보는 시간을 갖습니다. 명화를 그린 작가의 이야기에 나 자신의 이야기를 얹어 새롭게 창작하도록 유도하는, 통합 예술 교육의 스토리텔링 훈련 과정인 것입니다.

예술 작품과 스토리(이야기)는 떼려야 뗄 수 없는 관계를 갖고 있습니다. 유명한 명화들 속에는 그리스·로마 신화나 성서의 이야기가 담겨 있고, 아름다운 오페라나 발레 작품에는 공주와 왕자의 이야기와 다양한 인간 세상의 이야기들이 있습니다. 심지어 별 의미 없어 보이는 추상화라 할지라도 작가의 말을 직접 들어본다면 점 하나, 선 하나에도 수많은 의미가 담겨 있을 것입니다. 그래서 예술 작품을 감상하거나 새로운 작품을 창작할 때, 예술가와 자신의 이야기에 귀를 기울이고, 이것을 말로 표현하여 전달하는 스토리텔링은 통합 예술 교육에서 매우 효과적이고 중요한 방법이라고 할 수 있습니다.

스토리텔링은 전문가의 도움 없이도 접근할 수 있는 교육 방법입니다. 예를 들어, 아이와 함께 〈모나리자〉를 보고 나서 그림 속 상황과 인물에 대한 상상을 마음껏 펼쳐서 이야기로 만들어보는 것입니다. 우선 그림의 제목을 〈모나리자〉가 아니라 〈큰이모를 닮은 여인〉이나 〈갈색 옷만 파는 옷가게 아줌마〉와 같이 새롭게 붙여보는 것도 재미있습니다. 예쁜 눈썹을 그려주고 싶다든가 머플러를 둘러주면 좋겠다는 등 그림에서 빼고 싶거나 추가하고 싶은 것에 대해서도 이야기를 나눠봅니다. 그리고 작품과 어울릴 만한 음악도 찾아서 함께 들어봅니다.

생상스의 〈동물의 사육제〉와 같은 음악을 감상할 때도 마찬가지입니다. 여러 동물들이 다양한 박자와 다양한 소리의 악기로 연주되는데, 각 동물의 특징이 표현되는 연주를 들으면서 떠오르는 동물을 그려볼 수도 있고, 음악의 선율에 맞춰 백조처럼, 수탉처럼, 수족관의 물고기처럼 몸짓과 율동을 만들어볼 수도 있습니다. 이때도 역시 각 동물의 특징과 성향이 어떻고, 어떠한 상황인지 충분히 이야기를 나눈 다음에 그림을 그리거나 율동으로 표현해보는 것이 좋습니다.

이렇게 한 작품에 대해 색다른 이야기를 만들어 다양한 예술 장르로 다르게 표현해 보는 스토리텔링 그리고 예술 감상 교육과 예술 창작 교육(창작, 기법)은 통합 예술 교육의 중요한 요소입니다. 통합 예술 교육은 양쪽 뇌를 균형 있게 발달시켜 통합적 사고를 유도하고, 예술에 대한 흥미와 즐거움까지 높여줄 뿐 아니라, 매체와 정보가 넘치는 현대사회에서의 활용도가 높아서 점점 더 강조되고 있습니다.

바람직한 예술교육을 위한 예술강사의 조건

얼마 전 사생대회 심사를 맡았던 한 미술대학 교수에게 갈수록 아이들의 그림이 똑같아져서 심사하기가 무척이나 어렵다는 말을 들었습니다. 실력과 기법은 갈수록 좋아지지만 창의성 없는 주입식 교육으로 사생대회용 그림이 이미 아이들의 머릿속에 똑같이 짜여 있다는 것입니다. 결과와 점수에만 연연해서 예술이 지닌 놀라운 효과와 힘을 맛도 못보고 있는 모양입니다. 그러므로 부모와 교사는 결과 중심의 예술교육을 경계해야 합니다. 아이가 틀리거나 잘 못한 부분에 집중하지 않아야 합니다. 등수와 상장에 연연해하기보다 오히려 아이가 창의성 있게 했는지 아닌지에 가장 예민해져야 합니다. 틀린 것을 다시 하라고 하기보다는 베끼거나 창의성이 없는 것을 다시 하라고 해야 하는 것입니다.

똑같은 그림, 틀에 박힌 기술을 가르치는 미술학원, 음악학원이라면 미안하지만 아이가 상을 받아오더라도 과감히 끊기를 바랍니다. 기술이 좋은 강사일수는 있으나 예술이 무엇인지 예술교육이 어떠해야 하는지는 이해하지 못한 강사라고 할 수 있습니다. 교육 전문가들은 예술교육에서 강사의 역할이 80%라고 강조합니다. 하지만 큰 가이드와 목표를 설정해 주는 것은 부모의 중요한 몫이기도 합니다. 부모와 강사, 아이라는 삼박자가 맞을 때 가장 이상적인 예술교육의 효과가 나타날 수 있습니다. 부모가 학교 수업까지 관여할 수는 없겠지만 학원에 보내거나 레슨을 시키거나 또 특별수업에 참여시킬 때는 미리 수업 분위기와 강사의 스타일에 대해 알아보는 것이 좋습니다. 커리큘럼도 꼼꼼히 살피고 아이와도 충분히 대화해서 아이가 진정으로 원하는 수업인지, 또 아이와 함께 어떤 목표를 가져야 할지를 설정합니다.

그런 뒤 강사와의 상담을 통해 아이와 설정한 목표를 구체적으로 알려줍니다. 콩쿠르 참가를 위한 것인지 전공자로 키우기 위한 것인지 흥미를 갖기 위한 것인지 수행 평가를 위한 것인지 적절하고도 현실적인 목표를 알려주고, 더불어 아이의 특징도 함께 전달해주면 도움이 됩니다. 시간이 길어지면 산만해진다든가 형태에는 강하지만 색채에는 약하다든가, 노래는 잘 부르지만 화음을 어려워한다는 등 부모가 파악한 아이의 특징을 전달해주면 강사들이 보다 효과적인 수업을 진행하는 데 도움이 될 수 있습니다.

아이를 직업 예술가로 키운다는 것은?

아이에게 예술교육을 시키다 보면 대부분의 부모들은 한 번쯤 전 공을 시켜야 하나라는 고민과 마주하게 됩니다. 화가나 음악가를 시켜도 되겠다는 칭찬을 주변에서 자주 듣게 되거나 아이가 예술 전공을 하고 싶어 할 경우 이런 고민을 할 수밖에 없습니다. 선택은 결국 아이의 몫입니다만, 현실적으로 볼 때 예술적 재능을 가지고 프로로 살 것이냐 아마추어로 살 것이냐의 중요한 결정이 달려 있 는 만큼 우리는 많은 것을 생각하지 않을 수 없습니다.

프로와 아마추어, 언젠가부터 잘하는 사람과 못하는 사람을 뜻 하는 말로 잘못 이해되었지만, 프로는 프로페셔널professional 을 줄인 말로 어떤 것을 직업적으로 하는 사람을 의미하고, 아마추어는 직업이 아닌데도 그 일을 좋아해서 즐기는 사람을 의미합니다. 예술 분야에 적용하자면 프로는 예술을 직업 삼아 밥 먹고 사는 예술가, 그리고 아마추어는 초보자나 잘 못하는 사람이 아닌 예술을 즐기고 소비하는 애호가라고 할 수 있습니다. 예술을 생산해내는 프로와 그것을 소비하는 아마추어, 그 역할은 예술뿐만 아니라 모든 분야에서 균형이 갖춰진다는 점에서 프로와 아마추어 둘 다 나름의 가치가 있습니다.

다만 직업 예술가로 산다는 것은 우리가 이미 잘 아는 것처럼 그리 안정적인 삶이 아닐 수도 있다는 것을 생각해야 합니다. 오늘날 대한민국에서 예술 전공자들의 취업률은 10% 미만에 지나지 않습니다. 물론 4대 보험 수령을 취업 기준으로 삼은 지표입니다만 그만큼 안정적인 소득을 얻기가 어렵다는 것을 보여줍니다. 지금까지 직업 예술가들이 꾸준히 사회적 존경을 받았던 것도 어쩌면 역설적으로 돈이 안 되는 일인데도 열심히 자기 길을 가는 것에 대한 존경일 수도 있습니다. 그러나 한편으로 예술가로 산다는 것은 하늘이 특별한 재능 하나를 선사한 것이고, 그 재능으로 세상을 조금은 더 행복하고 아름답게 바꿀 수 있는 특별한 삶을 산다는 걸 의미하기도 합니다. 그렇기에 아이가 직업 예술가의 길을 가려고 할 때는 어떻게 좋은 대학을 갈 수 있는지 알아보기 이전에 아이가 그것을 얼마나 좋아하는지, 그 활동을 통해 얼마나 행복감을 느끼는지, 그리고 그 행복감이 아이에게 안정적인 소득과도 바꿀 만큼 가치가 큰 것인지를 충분한 대화를 통해 확인하는 것이 중요합니다.

아이의 예술적 재능, 어떻게 알고 키워줄까?

아이가 오랜 시간 갈고 닦으며 평생을 함께 살아가야 할 아이의 재능을 알아봐주는 것은 매우 중요합니다. 만약 우리에게 인생에서 단 한 번밖에 허락되지 않는 여행을 위해 시간과 돈이 주어진다면 어떻게 해야 할까요. 아마도 평소에 가장 가보고 싶어 했던 곳을 위주로 해서 최대한 많은 여행지를 조사한 뒤 호텔과 비행기, 기차 등을 꼼꼼히 살피고 최종적으로 한 나라, 한 경로를 선택하게 될 것입니다. 아이의 재능도 똑같다고 봅니다. 전공을 시킨다는 것은 아이의 인생에서 단 한 번의 시간과 돈을 투자하여 먼 길을 가게 하는 장거리 여정이라고 할 수 있습니다. 그만큼 사전에 많은 정보와 경험을 모아 가장 알맞은 적성을 찾아내는 게 길을 잃고 헤매지 않을 수 있는 방법인 것입니다. 아이가 만약 바이올린 교육을 받다가 음악적 소질을 발견하게 되었다면 바이올린에만 전념하기보다 오히려 첼로나 클래식 기타 등 보다 다양한 악기를 접해보게 해줍니다. 그런 뒤 아이가 가장 좋아하고 잘 맞는 악기를 최종적으로 선택하는 것이 합리적입니다. 또, 아이가 그림에 재능이 있다는 걸 발견했다면 한국화와 조소, 애니메이션까지 다양한 미술 장르를 충분히 경험하게 해서 가장 잘하면서도 즐겁게 할 수 있는 분야를 찾을 수 있게 해줍니다.

　캐나다 퀸스 대학의 한 연구 결과에 따르면, 미국에서 활동하는 프로 스포츠 선수들의 대부분이 대도시가 아닌 시골 출신이라고 합니다. 대도시는 교육에 대한 부모들의 관심과 간섭이 많고 전문성과 집중을 중요시하다 보니 오로지 한 종목에만 올인 하는 경우가 많습니다. 그러다 특별한 재능을 발견하지 못하면 결국 프로 선수가 못 되는 경우도 많다고 합니다. 하지만 상대적으로 교육열이 낮은 시골에서는 부모들의 섣부른 간섭이 없다 보니 오히려 다양한 종목들을 경험해본 뒤 자신에게 가장 잘 맞는 종목을 선택하기 때문에 집중했을 때의 효과가 더 컸다는 말입니다. 결국 적성을 찾아가는 과정에서 충분한 시간과 다양한 경험을 가진다는 것은 그것이 정교하고 체계적일수록 실패할 가능성을 크게 줄일 수 있다는 것을 의미합니다.

　이렇게 해서 아이의 적성과 흥미에 가장 잘 맞는 재능을 찾는다면 그때부터 시간과 비용, 노력을 들여 기술 습득과 연습에 매진해야 할 이유와 가치도 자연스레 따라옵니다. 타고난 재능이 먼저냐 노력이 먼저냐는 닭과 달걀의 관계처럼 여전히 논란의 중심에 있지만, 최근 발표된 프린스턴 대학의 연구조사 결과에 의하면 연습과 기술(재능) 사이에 완벽하게 상관관계가 있는 것은 아니라고 합니다. 우리가 잘 아는 1만 시간의 법칙(어떤 분야든 1만 시간을 꾸준히 연습하고 훈련하면 전문가가 된다는 법칙)이 체스 게임에서는 26%, 음악에서는 21%, 스포츠에서는 18%밖에 영향을 미치지 못한다고 하니, 결국 프로가 되기 위해서는 연습만큼이나 타고난 재능도 중요하다는 걸 알 수 있습니다. 그러나 우리가 잘 아는 대부분의 천재적 예술가들이 뼈를 깎는 노력을 아끼지 않았던 것처럼 타고난 재능에 꾸준한 연습과 노력이 더해져야지만 진정한 프로로서 성장할 수 있습니다.

재능 있는 아이를 키우는 부모의 자세

예술 전공을 선택한 아이를 뒷바라지할 부모들이 반드시 생각해봐야 할 것이 있습니다. 바로 아이의 재능을 위해서 부모와 다른 자녀들이 치러야 할 경제적·시간적 '희생비용'입니다. 적절한 희생비용은 아이로 하여금 '우리 부모님이 고생해서 나를 지지해주는 것이니 더 열심히 해야겠다!'라는 동기를 부여할 수 있습니다. 하지만 부모의 못다 이룬 꿈을 이루기 위해서나 대리 만족을 위해, 혹은 아이의 성공을 통해 큰 보상을 받으려는 등의 생각을 갖는 것은 아이에게 왜곡된 동기와 부정적인 긴장을 유발시키는 잘못된 희생비용이라고 할 수 있습니다.

세계적인 첼리스트 장한나의 부모는 딸을 위해 한국 생활을 포기하고 미국에서 생활했지만 그러면서도 늘 어린 한나에게 "첼로가 싫어지면 언제든 첼로를 하지 않아도 된다."고 말해주었다고 합니다. 첼로가 아이와 가족의 모든 것이기 때문에 반드시 최고가 되어야 한다는 압박을 줄 수도 있었겠지만, 오히려 첼로가 아이 인생의 여러 가지 길 중 하나라는 것을 일깨우며 진정으로 음악을 즐기는 방법을 가르친 것입니다. 언제든 첼로를 선택하고 또 포기할 자유를 함께 주었기 때문에 그녀는 부모의 바람대로 첼로를 즐기면서 세계적인 음악가로 성장한 것이 아닌가 하는 생각이 듭니다.

영국의 한 정신의학연구소에서 발표한 연구조사 결과에 따르면, 음악대학 재학생들 중 부모의 간섭이 적은 학생일수록 우등생일 확률이 높다고 합니다. 부모의 간섭을 많이 받은 아이들이 오히려 더 큰 스트레스와 심리적 부담을 가지고 있어 연주나 학업, 인간관계에서도 소극적인 모습을 보이기 때문입니다. 우리가 잘 아는 라흐마니노프나 부르크너, 차이코프스키 등 시대적인 거장들도 무대만 벗어나면 사회 속에 잘 어울리지 못했다고 합니다. 부모의 잘못된 지지와 압박은 아이를 오직 예술에만 뛰어난, 사회적 미숙아로도 만들 수 있음을 기억해야 합니다.

또, 인생이 언제나 뜻대로 되는 것은 아닙니다. 제 주변만 하더라도 교통사고로 무용을 그만두거나 부상으로 연주를 그만둔 예술가들이 있습니다. 아이에게 재능 하나가 인생의 전부인 것처럼 가르친다면 의도치 않은 어려움이 닥쳤을 때 인생을 포기할 만큼 큰 좌절감을 느끼게 될 수도 있습니다. 예술을 배우고 예술가가 되는 것은 결국 아이가 행복해지기 위함입니다. 그러므로 아이가 어떠한 문제를 만나더라도 그 선택과 아이의 인생을 지지해주어야 합니다. 주어진 재능에 감사하며 최선을 다하되 그 재능이 인생의 전부는 아님을 알려주는 것, 그래서 재능만 열심히 갈고 닦을 게 아니라 인성과 사회성 등 모든 면에서 전인적으로 성장할 수 있게 지지해주는 것이 바로 부모의 역할입니다.

지금까지 예술교육의 전부라 여겨졌던 단순한 기능 교육에서 벗어나 창의와 기능이 함께 어우러진 예술교육, 그리고 제한과 졸업이 없는 평생교육으로서의 예술교육에 대해 이야기했습니다. 아이가 받은 예술 참여 교육은 아이를 예술가의 길로 혹은 애호가의 길로 이끌 수도 있습니다만, 어떤 길이든 간에 예술이 아이에게 정서적인 힘과 사회성, 창의성과 내적 치유 등 다양한 선물을 준다는 사실은 변함없습니다. 그러므로 부모와 교사의 역할이란 아이 안에 이미 가득한 열망과 창조의 힘이 발휘될 수 있게 그저 예술로 향한 문을 열어주는 것입니다.

예술 전공별 입시 교육 정보

어린 시절부터 지금까지 문화예술의 틀에서 벗어나지 않고 살다 보니 제가 알고 지내는 사람들의 절반 이상은 예술을 전공한 사람들입니다. 한때는 그들 모두가 예술대학 입시를 목표로 삼았지만, 외국 유학과 공모전 준비, 취업과 사업 등 20, 30대의 다양한 시기들을 지나고 나니 누구는 평범한 가정주부가 되었고, 누구는 대기업 회사원, 문화재단 직원, 또 누구는 프로덕션과 극단 대표가, 또 누구는 배고프거나 혹은 잘나가는 예술가가 되어 각자의 삶을 살아가고 있습니다.

방향이 조금씩 다르긴 하지만 예술과 관련된 직업을 갖고 살아가는 사람들과 예술교육에 대해 이야기를 나눠보면 공통적인 의견이 있습니다. 예술 전공자를 위한 예술교육은 대학 입시를 위한 것이 아니라 예술가로서 살아갈 수 있게 하기 위한 목적이어야 한다는 것입니다. 무용, 음악, 미술, 디자인, 국악 등 전공마다 차이는 있겠지만 지금까지의 예술교육은 입시가 목적이 되다 보니 장차 예술가로서 마주하게 되는 고민이나 정립해야 할 철학에 대해 늘 결핍을 느끼게 만듭니다. 또 입시 자체가 경제적 논리를 벗어날 수 없다 보니 예술고등학교를 나오거나 더 비싼 교육을 받은 아이가 출발 자체에서도 유리할 수밖에 없기도 합니다. 실제로 한 국회의원이 얼마 전 공개한 자료에 따르면 서울대학교 음악대 입학생 중 70~80%가 예고 출신이라고 합니다.

하지만 예술가는 경제력이나 학벌로 한계를 지을 수도 없고, 또 그래서도 안 됩니다. 잠깐의 입시 교육보다 더 중요한 것은 내 아이가 평생을 살아갈 예술가로서의 준비와 교육일 것입니다. 짧은 입시 준비를 위해서가 아니라, 예술가로서 살아갈 긴 인생 전체를 위해 지금 정말 필요한 교육, 필요한 자원이 무엇인지를 아이와 함께 끊임없이 이야기하고 고민해야 한다는 것을 늘 잊지 말아야 합니다.

다음은 예술 전공으로 대학교 진학을 준비하는 자녀를 둔 부모들을 위해서 전공별 입시와 유학 정보, 비용에 관한 사항들을 간단히 살펴보겠습니다.

• 시각 전공

시각 전공의 경우에 언제부터 입시를 준비하느냐는 순수미술이냐 디자인이냐에 따라 차이가 있습니다. 서양화나 동양화, 조소와 같은 순수미술의 경우 기본적인 재능이 중요하기 때문에 중학교, 빠르면 초등학교 때부터 시작하는 경우도 있습니다. 일찍 시작할수록 수채화와 소묘 등의 다양한 재료와, 정물화와 풍경화 등의 다양한 장르를 접해볼 수 있기 때문에 아이의 재능을 끌어올리는 데 유리합니다. 디자인의 경우에는 입시만을 준비한다면 고등학교 1학년이나 2학년 1학기 중에 시작해도 크게 늦지 않습니다.

국내 미술대학의 대부분은 내신과 수능 성적이 중요합니다. 그래서 성적이 대학을 결정하고 실기가 당락을 결정한다는 말이 있을 정도입니다. 아이를 좋은 대학에 보내려고 한다면 초등학교부터 고등학교 때까지 실기와 함께 꾸준한 학업 관리가 필요합니다. 그러나 한국예술종합학교나 계원예술대학과 같이 특성화된 예대의 경우에는 성적보다 아이의 특별한 재능에 더 집중하기도 하므로 입시 전형을 잘 참고해야 합니다. 또 외국 유학을 갈 경우 중국이나 일본 등 유학지가 한정될 수밖에 없는 동양화 전공을 제외하고는 고등학교를 졸업하자마자, 혹은 대학을 졸업하고 세계 곳곳으로 유학을 가는 경우가 많습니다. 특히 디자인은 의상, 무대, 메이크업, 자동차, 구두, 보석 디자인 등 국내보다 국외에 다양한 학교와 커리큘럼이 많기 때문에 유학파 출신의 디자이너들이 현업에서 두각을 나타내기도 합니다.

입시 구조상 미대 입시학원을 다니지 않고는 미대에 들어가기는 거의 불가능합니다. 홍익대학교가 실기 시험을 폐지하였습니다만 다른 학교 대부분은 실기 전형을 두고 있습니다. 초등학생 대상 미술학원의 학원비가 10~20만 원 선이라면, 중학교 때는 30~40만 원, 고등학교 때는 40~60만 원 선이고, 실기 입시 기간에는 수백만 원이 들기도 합니다. 재료비까지 꾸준히 들어가는 것을 생각하면 만만치 않지만 대학에 입학한 순간부터는 사교육비가 추가로 들지 않으니 계속 레슨을 받아야 하는 음악에 비해서는 나은 편이라고 할 수 있습니다.

• 음악 전공

음악대학 입시 또한 기본적으로는 좋은 성적이 필요하지만, 미술에 비해서는 실기의 중요성이 훨씬 큰 편입니다. 그래서 일찍 재능을 발견하고 학원 교육이나 레슨을 시작하는 것이 입시를 생각하면 유리하다고 할 수 있습니다. 레슨을 시작하는 시기는 악기를 다루는 기악 전공이냐 작곡 전공이냐에 따라 조금씩 다릅니다. 하지만 작곡 전공 또한 대부분 다룰 줄 아는 악기가 있기 때문에 기본적으로는 5세 전후에서 초등학교 때부터, 또 조금 희소한 악기나 국악기의 경우는 늦어도 중학교 때부터는 악기 교육을 시작하는 경우가 많습니다.

음악 전공을 위한 비용은 다른 전공에 비해 가장 많이 드는 편인데, 유치원이나 초등학교 때는 동네 음악학원을 다닌다 하더라도 본격적으로 레슨을 받아야 하는 시기가 오면 1시간에 10~100만 원에 이르는 레슨비가 끊임없이 나갑니다. 또 연주회를 위한 대관이나 협연 경험 비용, 연주회를 위한 무대의상과 메이크업 비용 등 수백에서 수천만 원을 호가하는 악기 비용을 제쳐두더라도 여러 가지로 부담이 클 수 있습니다.

국악의 경우에는 누구의 류(명인의 음악적 특성)를 따라 누구를 사사했느냐가 매우 큰 사안이 됩니다. 국악은 우리 음악이니만큼 유학이 없는 대신 끝까지 스승을 사사하는 시스템이고, 또 스승을 한 번 정하면 중도에 바꾸기가 쉽지 않기 때문에 처음부터 아이에게 가장 잘 맞는 류와 선생님을 찾아 교육을 받는 것이 중요합니다.

최근 떠오르고 있는 실용음악 전공은 음악 오디션 프로그램의 열풍 덕에 매년 대입 때마다 수백 대 일의 경쟁률을 기본으로 하는 가장 인기 있는 전공이 되었습니다. 덕분에 전국적으로 관련 입시학원까지 함께 호황을 누리고 있습니다. 실용음악은 보컬과 악기, 미디, 작곡 등의 다양한 전공이 있으며 학원 레슨비는 오디션반, 입시반, 1:1 레슨 횟수 등에 따라 달라지는데 평균 20~40만 원 선입니다. 클래식과 국악, 실용음악 등은 비록 다른 장르로 보이지만 성실함과 열정을 기반으로 한 엄청난 연습량이 요구된다는 공통점을 갖고 있습니다.

유학의 경우에 서양음악과 실용음악 전공은 해외로 가는 문이 보다 넓게 열려 있습니다. 오스트리아, 네덜란드, 프랑스, 독일 등 유럽의 유명한 음악원들에서는 영재나 우수한 재원을 위해 다양한 장학 프로그램을 운영하기도 합니다. 생활비를 제외하면 국내에서보다 오히려 낮은 비용으로 교육을 받을 수도 있으니 만약 아이의 영재성이 일찍 발견된다면 조기 유학을 생각해볼 만합니다.

• 무용 전공

무용의 경우는 음악과 미술, 그 어느 분야보다도 타고나는 것이 절반 이상이라고 생각됩니다. 신체적 장애가 있어도 미술이나 음악은 가능하지만 무용은 타고난 신체 조건이 바로 실력으로 이어지기 때문입니다. 적성에 맞는다면 초등학교,

늦어도 중학교 때는 시작하는 것이 좋습니다.

무용 전공은 발레와 현대무용, 한국무용 등의 전공이 있는데 아이가 가장 좋아하고 즐거워하는 분야를 선택해야 하겠지만 타고난 신체 조건 또한 감안해야 합니다. 토슈즈를 신는 발레의 경우는 키가 너무 커도 안 되고 가슴이나 골반도 크면 방해가 됩니다. 발레는 발가락을 '포인' 했을 때 잘 구부러져야 하고 다리와 목선, 어깨선 등이 예뻐야 합니다. 반대로 한국무용은 버선발로 춤을 추기 때문에 너무 키가 작거나 또 너무 크면 안 됩니다. 한복으로 몸을 가리는 만큼 작고 예쁜 얼굴이 여러 모로 유리합니다.

무용은 운동과 식이조절 등 꾸준한 신체 관리가 필수입니다. 어릴 때부터 매일 일정 시간 이상을 스트레칭과 필요한 근육을 만드는 데 쏟아야 하므로 즐겁지 않으면 할 수 없는 일입니다. 또 무용은 미술이나 음악에 비해 현업의 수명이 짧다는 것도 생각해야 합니다. 20대 후반을 절정으로 하여 발레는 30대, 한국무용은 40대가 넘어가면 공연하기가 쉽지 않습니다. 발레의 경우는 실력만으로 인정받을 수 있지만, 한국무용은 국악과 마찬가지로 어느 선생님을 사사해 어떤 무용을 배웠는가 하는 '류'를 따지기 때문에 아이에게 잘 맞는 스승과의 만남도 실력 못지않게 중요합니다.

아이가 어릴 때는 동네 무용학원에서 받는 기초 교육으로도 충분하지만, 중·고등학교 때는 각종 콩쿠르 참가 및 수상 실적이 보다 중요해져서 콩쿠르에 나갈 작품을 받기도 하는데, 작품 하나당 수백만 원의 비용을 지불하기도 합니다. 레슨비와 작품비뿐만 아니라 매 공연마다 의상과 메이크업 등에 대한 비용도 적지 않게 듭니다.

• 연극영화 전공

연극영화 전공은 연기와 연출 전공으로 크게 나뉩니다. 미술, 음악, 무용에 비해 실기를 가장 늦게 준비하는 전공입니다. 아역 연기자가 아니라면 대부분이 고등학교 진학 후 실기를 준비합니다. 연기 전공을 위한 연기학원이 대다수이지만 최근에는 아이디어나 기획력을 훈련시키는 연출 전공 입시학원도 늘어나고 있습니다. 그러나 연출은 기본적으로 높은 내신과 수능 성적이 뒷받침되어야만 합격이 가능합니다. 학원 수강료는 다른 예술 전공에 비해 저렴한 편으로 월 20~40만 원 선입니다. 여기에 뮤지컬 전공 입시를 하게 된다면 별도로 성악이나 보컬,

안무 등의 레슨이 추가되기도 합니다.

연극영화 전공은 다른 전공에 비해 재능을 알아채기가 가장 어렵습니다. 다른 예술 분야와는 달리 재능과 성공이 꼭 비례한다고 할 수 없는 분야이기도 합니다. 음악 영재는 알아채기도 쉽고 성공할 수 있는 확률도 크지만, 아이가 연기를 아주 잘한다고 해서 꼭 최고의 연기자가 되고 성공한다는 확률과 보장은 없습니다. 그러므로 연극영화 전공은 그 어느 전공보다도 자기 확신이 가장 필요한 분야라고 생각됩니다. 오랜 무명 시절을 거친 배우나 감독들의 성공담처럼 주위의 상황이나 반응에 흔들림 없이 꾸준히 노력하고 도전하는 게 중요합니다.

• 그 외 전공

그 외에도 여러 가지 예술과 관련된 기반을 만들기 위한 전공이 있습니다. 비평가를 키워내는 예술학과가 있고, 예술경영과 예술행정, 예술정책 관련 학과나 대학원도 있습니다. 전혀 다른 분야이지만 예술과 접목하는 경우도 있는데, 예술저작권이나 예술가와 관련된 소송과 상담 등을 전담하는 법률 전문가도 있고, 예술기관이나 예술법인 회계만 담당하는 회계 전문가도 있습니다. 또 경영이나 광고홍보 등을 전공한 사람들이 문화예술의 전문 마케팅이나 홍보를 담당하는 경우가 많습니다. 이런 전문 분야는 예술 실기가 필요하지 않고 조금 다른 방식과 방향으로 예술계에 몸담을 수 있는 또 다른 방법이 될 수 있으니 참고하면 좋겠습니다.

에 필 로 그

정치나 경제 혹은 사회적 이유로 인해 예술을 쉽게 접할 수 없는 나라의 어린이들을 위한 예술교육 기반을 만들어보자는 취지에서 얼마 전 몇몇 예술계 지인들과 함께 '예술 먹이기 운동feed art movement'을 준비하게 되었습니다. 누군가는 제게 이렇게 물었습니다. 예술보다는 병원이나 학교가 우선이지 않겠냐고, 크레파스를 주기보다 식량과 백신을 먼저 주어야 하는 게 아니냐고 말입니다. 물론 그렇습니다. 예술이 절대 인간 생명의 존엄함보다는 우선일 수 없으니까요.

하지만 예술은 열망을 주는 것이라는 확고한 믿음이 있습니다. 배고픈 아이에게 식량을 주는 것은 육체를 살리는 일입니다. 무지

한 아이에게 감자를 키우는 방법과 글을 읽고 쓰는 법을 가르치는 교육은 살아가는 힘을 길러주는 것입니다. 그러나 거기서 멈춰서는 안 된다고 생각합니다. 정신과 영혼까지 살리는 것은 인간을 비로소 인간답게 하는 매우 중요한 일이고, 그 열망의 작업을 예술이 담당할 수 있습니다.

그런데 아이에게 예술 먹이는 운동은 가난한 나라에만 필요한 것이 아닙니다. 모든 것이 풍족한 시대, 부족함 없는 나라에 살고 있으면서도 우리 아이들이 접하는 예술교육이라는 것이 얼마나 궁핍하고 편협한지요.

예술 먹이기 운동을 통해 가난한 나라의 아이들에게 크레파스를 보내주고는 후원자들을 독려할 목적으로 그 아이들이 그린 그림을 좀 보내달라고 그쪽 관계자에게 요청했습니다. 그랬더니 막상 보내줄 그림이 거의 없다는 답변이 왔습니다. 책을 만들 종이도 없는데 그림을 그릴 종이를 구하기란 더더욱 어렵기 때문이라는 것입니다. 그렇다면 과연 그 아이들은 온갖 미술 재료가 넘치는 우리 아이들에 비해 전혀 예술을 즐기지 못했던 것일까요. 놀랍게도 오히려 그 반대였습니다.

그 아이들은 자연의 모든 것을 재료 삼아 그림을 그린답니다. 크레파스를 손에 쥐고 소똥을 발라놓은 담벼락에, 커다란 야자수잎에, 낡은 고무 타이어에 그림을 그린답니다. 어쩌면 자연의 모든 것을 재료로 삼기 때문에 애초에 크레파스 따위도 필요없는 것이었을지 모르겠습니다. 정확하게 잘린 4절지, 8절지 외에는 종이가 아닌 듯, 동그란 모양의 종이, 나뭇잎 종이는 본 적도 없고, 공장에서 생산된 크레파스와 색연필 말고는 손에 잡아본 적도 없는 우리 아이들이 오히려 더 심각한 예술적 빈곤 상태에 놓인 것은 아닐는지 생각해보았습니다.

인간은 누구나 태어나면서부터 이미 예술가입니다. '그림'이라는 말이 있기 훨씬 전부터 동굴에는 벽화가 그려졌던 것처럼, 우리들 역시 삶 속에서 시각적으로 혹은 상상으로 인지할 수 있는 모든 것으로부터 의식 혹은 무의식 속에 작품을 만들어왔습니다. 창조주가 어린아이의 생존을 위해 가난한 나라의 엄마나 부자 나라의 엄마나 모유의 성분을 똑같이 만든 것처럼, 아이들에게 있어 창의와 상상의 힘은 빈부나 환경의 차이와 상관없이 표현과 발산의 매개인 예술을 통해 참으로 오랫동안 가깝고도 자연스럽게 우리 곁에서 공평하게 존재해왔던 것입니다.

이 책을 통해 많은 이야기와 다양한 문제 제기를 했지만, 초등학생 10명 중 4명이 연기나 노래를 하는 연예인을 꿈꾸는 이 나라에서 가장 시급한 일은 예술의 가치와 기능을 회복하는 것이 아닐까 합니다. 철없는 어린아이들이 매스컴에 보이는 스타의 화려함에 열광하는 것일 수도 있지만, 한편으로는 우리 아이들이 그렇게 발산하고 표현하는 예술가로서의 자유로운 삶을 갈망하는 것일지도 모르니까요.

결국 우리 사회 곳곳에서 예술을 대안으로 찾는 것이 결코 틀리지 않음을 알 수 있습니다. 우리가 처한 현실과 현상을 극복해나가고 미래로 한 걸음 내딛기 위해서는 예술적 상상력과 창조력이 반드시 필요하기 때문입니다. 지금 우리에게는 대안으로서의 예술에 불과하지만, 자라는 우리 아이들에겐 삶 깊숙이 스며들어 있는 예술, 삶으로서의 예술이 되기를 간절히 소망합니다. 예술이 흐르는 가정과 사회에서 너무나도 자연스럽게 밥처럼 물처럼 예술을 먹고 즐기고 나누는 아이들이 자라날 것입니다. 그 아이들이 이끌어갈 창조적인 미래의 모습은 얼마나 멋질지 한껏 꿈꿔봅니다.

참 고 문 헌

신문 및 잡지 기사

〈교육희망 프로젝트 2부. 입시의 늪 (2) 부모의 재력이 학생의 경쟁력〉, 양진하 기자, 한국
일보, 2014.10.14.

〈살아남은 자의 슬픔… 예술로 보듬다〉, 조상인 기자, 서울경제, 2014. 4. 25.

〈필즈상 수상자 바르가바 교수, 연봉 10배 더 줘도 수학과는 안 바꿔〉, 전준범 기자, 조선비
즈, 2014. 8. 14,

강연·포럼·자료집 및 단행본

〈국내 어린이극의 현황 및 사례〉, 송인현, 2013, 예술경영지원센터 위클리아츠매거진.

〈당신과 나, 예술강사〉, Eric Booth, 2014, 2014 세계문화예술교육 주간행사 개막 강연.

〈문화예술 교육의 지난 10년, 앞으로의 10년〉, 2013, 한국문화예술교육진흥원 문화예술
교육포럼.

〈유아 문화예술 교육 콘텐츠 컨퍼런스〉, 2014, 한국문화예술교육진흥원.

〈심리상태와 무대예술의 상관관계〉, 루이지버터워스, 호주퀸즈랜드대학, 1993, 영국 런던
정신의학연구소 학술회의.

〈한국 평생교육 프로그램 분류체계〉, 김진화, 2009.

《왜 예술가는 가난해야 할까: 예술경제의 패러독스》, 한스 애빙, 21세기북스, 2009.

《유치원생에서 고등학생까지 남자아이 여자아이》, 레너드 삭스, 이소영 옮김, 아침이슬.

국내 논문

〈선호 음악 감상의 음악치료가 말기암환자의 통증 정도에 따른 정서 및 스트레스에 미치
는 효과〉, 이은해, 최성은, 2012, 한국호스피스완화의료학회지.

〈음악치료가 암환자의 통증감소와 수면에 미치는 영향〉, 윤웅, 2007, 한세대학교 석사학
위논문.

〈어린이 공연에서 구매자와 사용자의 선호요소 차이에 관한 연구〉, 김태희, 고정민, 2014,
예술경영연구.

〈어린이 공연의 내용, 장르, 원작 유무가 공연 흥행에 미치는 영향: 등교기간의 조절효과를
중심으로〉, 김태희, 신형덕, 2013, 한국산학기술학회논문.

〈유년기 문화예술 교육 경험이 문화예술참여와 삶의 만족도에 미치는 영향〉, 구은자,
2011, 한국산학기술학회 2011년도 춘계학술논문집.

〈어린이 오페라와 공연장 활성화의 관계 : 독일 어린이 오페라의 성공사례를 중심으로〉,
김순복, 2010, 서울시립대학교 도시과학대학원 공연행정학과 석사학위논문.

〈문화예술 교육이 시민문화의식수준에 미치는 영향에 관한 연구: 부천시 사회문화예술 교육을 중심으로〉, 김송아, 2010, 서울시립대학교 대학원 석사학위논문.

〈부모의 예술 참여 수준이 자녀의 예술가치지각과 예술태도에 미치는 영향〉, 이소리, 2013, 중앙대학교 예술대학원 석사학위논문.

〈유아 음악 교육 실태 및 부모의 인식: 대전시를 중심으로〉, 안미영, 2010, 종합예술과음악학회지.

해외 논문

"Art for Art's Sake - The Impact of Arts Education", OECD CERI, 2013.

"Bedside theatre performance and its effects on hospitalised children's wellbeing", Persephone Sextou, Claire Monk, 2012, Arts & Health.

"Birthplace effects on the development of female athletic talent", MacDonald DJ1, King J, Côté J, Abernethy B. 2009, J Sci Med Sport.

"Chicago Arts Partnerships in Education Summary Evaluation", Imagination Project at University of California Graduate School of Education & Information Studies, 1999.

"Deliberate practice: Is that all it takes to become an expert?", David Z. Hambricka, Frederick L. Oswaldb, Erik M. Altmanna, Elizabeth J. Meinzc, Fernand Gobetd, Guillermo Campitellie, 2014, Intelligence, Volume 45.

"Music therapy on critical-care heart patients' reports Raymond Bahr (the director of coronary care at St. Agnes Hospital in Baltimore) in th book 'The Mozart Effect'", Don Campbell, 2001.

"The Advancement of Teaching", Stanford University, Carnegie Foundation, 1999.

"GRIT:Self Control", The Duckworth Lab of University of Pennsylvania, 2007.

"The Arts and Achievement in At-Risk Youth", National Endowment for the Arts, 2012.

"THE ARTS AND HUMAN DEVELOPMENT : Framing a National Research Agenda for the Arts", Lifelong Learning, and Individual Well-Being/ NEA.

"The Role of Arts Education in Enhancing School Attractiveness", by European Expert Network on Culture(EENC), 2012.

"The Qualities of Quality: Understanding Excellence in Arts Education", 2009, Project Zero at the Harvard Graduate School of Education.

"The Qualities of Quality: Understanding Excellence in Arts Education", Project Zero at the Harvard Graduate School of Education, 2009.